本书获国家自然科学基金项目（No.71462036）、云南省教育厅科学研究基金项目（No.20200021）、云南财经大学科研项目（No.2021B02）、云南财经大学博士学术基金项目以及工程管理（项目管理领域）学科建设项目支持

移动商务信息安全风险评估与管理

张涛 著

西南交通大学出版社

·成 都·

图书在版编目（CIP）数据

移动商务信息安全风险评估与管理 / 张涛著. —成都：西南交通大学出版社，2022.9
ISBN 978-7-5643-8922-2

Ⅰ.①移… Ⅱ.①张… Ⅲ.①电子商务–信息安全 Ⅳ.①F713.363

中国版本图书馆 CIP 数据核字（2022）第 169475 号

Yidong Shangwu Xinxi Anquan Fengxian Pinggu yu Guanli
移动商务信息安全风险评估与管理
张　涛　著

责 任 编 辑	郭发仔
封 面 设 计	何东琳设计工作室
出 版 发 行	西南交通大学出版社 （四川省成都市金牛区二环路北一段 111 号 西南交通大学创新大厦 21 楼）
发行部电话	028-87600564　028-87600533
邮 政 编 码	610031
网　　　址	http://www.xnjdcbs.com
印　　　刷	成都蜀通印务有限责任公司
成 品 尺 寸	170 mm × 240 mm
印　　　张	16.25
字　　　数	245 千
版　　　次	2022 年 9 月第 1 版
印　　　次	2022 年 9 月第 1 次
书　　　号	ISBN 978-7-5643-8922-2
定　　　价	65.00 元

图书如有印装质量问题　本社负责退换
版权所有　盗版必究　举报电话：028-87600562

前言 Preface

随着移动互联网、移动通信技术的快速发展，一个以海量信息和数据挖掘为特征的大数据时代已经到来，深深地改变了人们的生活模式、生产模式及竞争模式。在此背景下，移动商务凭借其随需性、个性化、便携性等特点逐渐成为大数据时代企业发展或转型的新方向，也逐渐成为网络购物的主要形态，在不同的领域为用户提供了各式各样的精准化服务，如移动购物、移动支付、移动旅游、移动理财等。移动商务用户面临信息决策问题，移动商务平台提供的精准、个性化服务是以获取用户个人信息来定位用户个性化需求为前提的。用户要想享用更加精准、个性化服务，就需要向移动商务平台更多的个人信息，移动商务平台可以通过用户个人信息达到"互利双赢"的目的。然而，移动商务因为披露个人信息而要面临严峻的信息安全威胁，用户信息在被移动商务平台获取、使用、传输和存储过程中往往面临着被泄露、滥用、窃取的风险，这直接影响了用户披露个人信息的意愿。移动商务信息的安全问题已成为制约用户信息决策和移动商务进一步发展的关键因素，也受到了学术界和产业界的广泛关注。

基于上述分析，本书围绕移动商务用户信息安全风险因素及移动商务信息安全风险评估展开研究，具体解决以下四个方面的问题。（1）移动商务情景下用户在披露个人信息时面临收益和风险，那么用户在权衡利害关系时是如何进行信息决策的？其中的信息决策行为机理和用户感知风险的影响因素是什么？（2）移动商务情景下用户信息安全风险因素具体有哪些？如何构建一套移动商务信息安全风险评价体系？（3）移动商务情景下用户如何对移动商务信息安全风险进行定量、准确的风险评估？（4）如何改善移动商务平台的风险环境？如何发挥政府、行业等的监管职能？为此，本书引入隐私计算理论来构建移动商务用户信息决策行为机理模型，实证分析移动商务用户信息决策行为的内在机理及用户感知的风险因素，依据信息安全风险管理理论，按照"风险识别—风险评估—风险控制"的研究思路来构建移动商务信息安全风险评价体系，提出有效的风险度量和评估方法，来帮助用户选择风险"可接受"或"可控"的移动商务应用，指导改善移动商务风险环境，从而确保用户的信息安全，达到移动商务平台健康发展和用户安全享用精准、个性化服务的"互利共赢"目的。

首先，本书围绕研究问题利用文献研究法进行了以下几方面的研究。一是对移动网络用户信息决策行为、移动网络用户信息安全风险因素及风险评估方法等方面的国内外研究现状进行了梳理和概述，在此基础上探索本书研究移动商务用户信息决策行为机理、移动商务信息安全风险识别及风险评估的切入视角。二是对移动商务的内涵、特点及与传统电子商务的差别进行了介绍，阐述用户信息的定义和分类，并对移动商务用户信息和移动商务用户信息决策行为进行了概念界定。三是对隐私计算理论、风险管理理论、信息安全风险评估标准等与本书研究问题息息相关的理论进行了梳理和总结，为移动商务用户信息决策行为机理模型的构建及移动商务信息安全风险的识别、评估奠定理论基础。

其次，本书结合隐私计算理论、风险管理理论、信息安全风险评估标准来构建移动商务用户信息决策行为机理模型和理论假设条件，通过问卷调查收集样本数据，检验数据的信度和效度，利用结构方程模型对本书提出的理论假设进行实证和检验，并从用户感知风险的角度对风险影响因素进行实证分析。本书通过纸质问卷和"问卷星"两种形式发放调查问卷，共收回有效问卷512

份，数据分析结果显示：技术风险、平台环境风险、平台运营管理风险、移动终端风险、用户自身脆弱风险正向影响移动商务用户信息披露感知风险；移动商务用户信息披露感知风险负向影响移动商务用户信息披露意愿，移动商务用户信息披露感知收益正向影响移动商务用户信息披露意愿；移动商务用户信息披露意愿正向影响移动商务用户信息披露行为。同时，根据用户自身脆弱风险因素，从用户风险偏好设置的视角来探讨不同的风险偏好设置对用户信息决策行为的影响机理。

再次，本书参照风险管理理论和信息安全风险评估标准，从技术风险、移动商务平台环境风险、移动商务平台运营管理风险、移动终端风险、用户自身脆弱风险等5个维度构建了风险评价体系。结合国内外学者关于移动网络用户信息安全风险评估方法的研究现状，提出了定性与定量相结合的风险度量和评估方法：基于信息熵和马尔可夫的移动商务信息安全风险评估方法，提出用于对比分析的基于经典评价方法的风险评估方法，重点围绕评估方法的理论依据、设计思路和计算步骤进行阐述。本书结合移动商务实际应用梳理出具有代表性的移动商务平台应用案例，以检验提出的风险评估方法；通过问卷调查或专家评分等形式收集样本数据，分别对基于模糊综合评价法和BP神经网络的风险评估方法、基于信息熵和马尔可夫的风险评估方法进行实证分析，进一步检验本书提出方法的实效性。

最后，本书根据移动商务信息安全风险评估的案例分析结果对移动商务信息安全风险特点及现状进行梳理和总结，重点围绕风险较高的指标提出管理策略，分别从信息安全技术、平台环境、平台运营管理、移动终端、用户自身及监管层中的政府、行业等角度提出具体的应对策略。对本书研究的内容、结论进行总结，梳理出本书研究的创新点及存在的局限性，并提出该领域未来关注的研究方向。

综合上述研究内容和结论,本书主要的贡献和创新点如下。

(1)结合隐私计算理论、风险管理理论、信息安全风险评估标准,构建了移动商务情景下用户信息决策行为机理模型。运用结构方程模型对提出的理论模型及关系假设进行了验证,进一步探索了移动商务用户信息决策行为的内在作用路径和影响因素,并从用户感知角度探讨了移动商务用户信息决策过程及用户感知风险因素,对于构建移动商务用户行为理论体系具有一定的理论意义。

(2)构建了移动商务情景下用户信息安全风险评价指标体系和风险属性模型。在梳理国内外研究文献和移动商务用户信息决策行为内在机理实证分析结果的基础上,构建了移动商务信息安全风险评价体系和风险属性模型,对模型进行了信度和效度检验,从技术风险、移动商务平台环境风险、平台运营管理风险、移动终端风险及用户自身脆弱风险等不同层面对移动商务信息安全风险因素进行了系统全面的描述,从新的视角扩充了移动商务情景下用户信息安全风险属性模型。

(3)提出了定性与定量相结合的移动商务信息安全风险评估方法。本书将信息论中的信息熵和数理统计中的马尔科夫链引入移动商务情景下用户信息安全风险评估之中,从跨学科研究的视角提出了一种新的评估方法:基于信息熵和马尔可夫的移动商务信息安全风险评估方法,利用信息熵对用户信息安全风险进行度量,通过马尔科夫矩阵描述更加真实的复杂风险环境,计算出目标风险评估值及各类风险因素的风险熵。同时,通过案例分析,本书对提出新方法与经典的模糊综合评价法、BP神经网络预测法相结合的风险评估方法进行了案例研究,进一步检验了本书新方法的有效性和实用性。本书从定性与定量相结合的角度来研究移动商务情景下用户信息安全风险，提供了准确、定量的移动商务信息安全风险评估结果，扩充了移动商务环境下用户信息安全风险评估方法体系。

（4）提出了移动商务情景下用户信息安全风险管理策略。根据移动商务用户信息安全风险评估结果，本书梳理和总结了移动商务信息安全风险的特点与现状，有针对性地提出了风险管理策略，围绕风险指标分别从平台技术、平台环境、平台运营管理、移动终端、用户及监管层中的政府、行业等角度提出具体的用户信息保护措施，对移动商务环境下用户信息保护具有一定的实践意义，也为进一步改善移动商务信息安全风险环境提供借鉴。

本研究得到国家自然科学基金项目（No.71462036）、云南省教育厅科学研究基金项目（No.20200021）、云南财经大学科研项目（No.2021B02）、云南财经大学博士学术基金项目以及工程管理（项目管理领域）学科建设项目的支持，在此表示感谢！

由于作者水平和时间有限，书中不当之处敬请读者批评指正。

作　者

2022 年 5 月于云南财经大学

目 录 Contents

第一章 绪 论 ·· 001
    第一节 研究背景与问题 ····························· 001
    第二节 研究目的与意义 ····························· 010
    第三节 文献综述 ······································ 014
    第五节 研究技术路线 ································ 038
    本章小结 ·· 041

第二章 相关概念与理论基础 ························ 042
    第一节 相关概念界定及内涵分析 ················ 042
    第二节 隐私计算理论 ································ 054
    第三节 风险管理相关理论 ·························· 057
    第四节 信息安全风险评估标准 ···················· 061
    本章小结 ·· 067

第三章 用户信息决策行为机理及风险因素 ······ 068
    第一节 研究必要性分析 ····························· 068
    第二节 用户信息决策行为机理研究 ············· 070
    第三节 量表设计与数据收集 ······················· 081
    第四节 数据分析与模型检验 ······················· 106
    第五节 关系假设及感知风险因素 ················· 118
    第六节 风险偏好设置影响研究 ···················· 121
    本章小结 ·· 135

第四章 移动商务信息安全风险评价体系……137
第一节 移动商务信息安全风险评价原则……137
第二节 移动商务信息安全风险评价指标选取……139
第三节 移动商务信息安全风险评价体系构建……149
本章小结……151

第五章 基于模糊综合评价和 BP 神经网络的风险评估……152
第一节 研究方法分析……152
第二节 风险评估方法……154
第三节 案例研究……166
第四节 方法优势及合理性……180
本章小结……181

第六章 基于信息熵和马尔可夫链的风险评估……182
第一节 研究方法分析……182
第二节 风险评估方法……184
第三节 案例研究……193
第四节 方法优势及合理性……199
本章小结……199

第七章 移动商务信息安全风险管理策略……201
第一节 移动商务信息安全风险分析……201
第二节 移动商务信息安全风险管理策略……203
本章小结……218

第八章　研究结论与展望 ……………………………………… 219
　　第一节　研究结论 ………………………………………… 219
　　第二节　研究局限性和展望 ……………………………… 221

附　　录 …………………………………………………………… 223

参考文献 …………………………………………………………… 230

第一章
绪　论

本章主要是对本书研究内容进行总体介绍。首先,对移动商务信息安全风险的研究背景进行概述并引出本书的研究问题,在此基础上详细阐述了研究目的和意义。其次,对国内外学者有关移动网络用户信息决策行为、移动网络用户信息安全风险因素及风险评估方法的研究现状进行综述。最后,对本书的创新点、研究内容、研究方法和研究思路进行概述。

第一节　研究背景与问题

一、研究背景

(一) 移动商务飞速发展逐渐成为网络购物的主要形态

随着移动互联网、移动通信技术的日趋成熟和智能手机、平板电脑的普及,移动终端用户群体不断壮大,移动商务呈爆发式增长,逐渐成为人们日常网络购物生活的主要方式。移动商务以移动通信等信息化技术为主要传播途径,将智能化设备作为主要传播平台,通过运用移动 App 软件,对平台进行简易化操作和控制,打破了传统商务模式的种种限制,实现无空间、时间限制的网络运营方式,让用户充分利用碎片化时间从事商务活动。这对人们日常生活的影响越来越广泛,使用手机 App 进行购物、娱乐、移动支付消费、生活缴费(水电煤气费用)等也逐渐成为用户的选择。

我国互联网络信息中心（CNNIC）发布的第47次《中国互联网络发展状况统计报告》（以下简称《报告》）显示，截至2020年12月，我国网民的规模已经达到9.89亿，手机网民的规模高达9.86亿，网络购物用户的规模达到7.82亿（占网民总数的79.1%），手机网络购物用户规模达到7.81亿（占手机网民总数的79.2%）。由此可见，在近10亿网民中，手机上网的网民占比高达99.7%，手机上安装的移动应用程序（App）也充分利用了移动互联网服务的普惠、便捷、即时等特点。根据历年《报告》中有关我国网络用户规模、网络购物市场交易规模公开资料，本章进行了数据整理，统计了2013—2020年我国网络购物用户、手机网络购物用户规模发展趋势，并进行了对比分析（见图1.1）。图1.1显示，2013年以来我国手机购物网民用户快速增加，中国移动购物市场规模快速发展，手机购物用户规模占网络购物用户规模比例最大。据《报告》统计，2020年网络接入环境中手机上网比例达到97%，台式电脑上网比例只有32.8%。我国智能手机技术和5G技术的快速发展，推动了我国手机网络购物飞速发展，我国手机网络购物用户规模近些年增速迅猛，手机购物也逐渐成为消费者的必然选择。可以说，移动商务已经成为当前网络购物的主要形态。

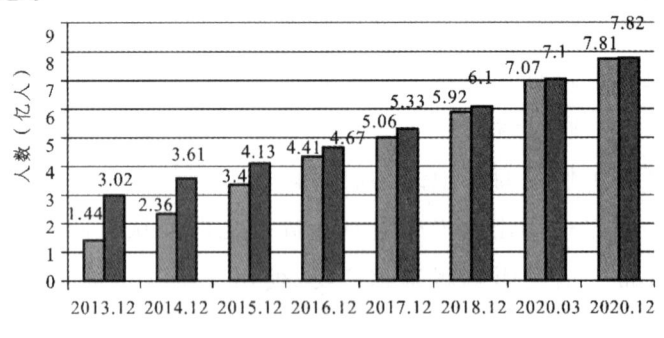

图1.1 我国网络购物用户、手机网络购物用户规模发展趋势

移动商务是传统互联网发展的必然结果,也是互联网经济的另一种表现形式,其不但不受时间和地域的限制,还可以为用户提供精准、个性化产品或服务,影响并改变着用户的生活习惯和购物行为。[①]随着移动网络及移动客户端技术的不断改进,各类企业的移动应用程序(App)快速上线,移动客户端购物、近场支付、外卖点餐、金融理财、交通出行等快速发展起来。基于移动终端的移动商务同样在服务民生、经济社会发展等方面发挥着重要作用。《报告》显示,2020年新冠肺炎疫情期间推出的"防疫健康码",累计申领超过9亿人,使用次数超过400亿人次,支撑全国绝大部分地区实现"一码通行";新冠肺炎疫情防控期间,基于移动客户端的直播电商成为广受用户喜爱的购物方式,66.2%的直播电商用户购买过直播商品。

网络用户选择移动商务进行消费的交易金额已远超选择 PC 端消费的交易金额。艾瑞咨询网的调查显示,2018 年,我国 PC 端的消费交易金额占总消费的 26.2%,手机客户端占比高达 73.8%。由于手机等移动设备不同于 PC 的操作属性和信息传播方式,用户在移动网络购物时代的消费行为发生了一定程度的改变,用户在网络购物时更加依赖移动客户端,打破空间、时间限制,充分利用碎片化时间进行网络购物。

(二)用户信息逐渐成为移动商务运营商和用户关注的焦点

目前,企业越来越重视在移动商务领域转型升级,移动商务平台竞争正在从提高平台技术转向优化用户体验,以美团、饿了么为代表的外卖餐饮类移动商务的用户规模增长迅猛,盒马生鲜、

---

① 徐超毅,王建国.双视角下移动商务用户满意度实证研究[J].中国流通经济,2017,31(6):89-96.

超级物种等新零售类移动商务快速发展，闲鱼等专业二手闲置物品类移动商务交易金额持续增长，淘宝直播等视频内容类移动商务交易规模进一步跃升。

对于移动商务运营商来讲，用户个人信息逐渐成为移动商务平台发展和形成核心竞争力的重要资源[①]，也已成为移动商务运营商关注的焦点。通过收集用户消费记录、服务类型使用偏好、位置信息、购买经历等隐私信息，移动商务平台可以精准定位潜在的客户群，为用户提供精准的个性化产品和服务。例如，可以利用用户在界面中的停留时间进行大数据分析，针对不同类型的用户实行不同的营销策略，通过差异化营销来满足不同用户的需求。同时，移动商务平台为了获得更多客户、占有更多市场份额，主动挖掘用户隐私信息。

对于移动商务用户来讲，用户对使用体验的要求越来越高，关注更多的是交易过程中能否获得精准的个性化产品和服务。[②]为了追求这种个性化产品或服务，越来越多的用户开始披露个人信息或允许移动商务平台收集、使用用户个人信息。基于个性化的商品和服务推荐，移动商务用户也逐渐对需要披露的个人信息的价值重视起来。

（三）移动商务信息安全问题愈加严重

随着各类移动商务消费方式的兴起，移动商务用户在享受企业提供的精准、个性化服务的同时，也面临着严重的个人信息安

---

① 魏益华，陈旭琳，邹晓峰.数字经济时代个人信息保护的演化博弈研究[J].经济问题探索，2019（12）：79-88.
② 王伟军，王阳，王玉珠，刘凯.移动商务用户个性化推荐采纳行为影响因素的实证研究[J].系统管理学报，2017，26（5）：816-823.

全问题。①这些个性化、便捷化移动服务的提供和使用是以获取和分析用户隐私信息为前提的，用户为了享用更加精准、个性化的服务，就需要向移动商务平台披露更多的个人信息。用户信息在被移动商务运营商获取、使用、传输和存储过程中埋下了安全隐患。在这个客户信息即资源的时代，用户信息往往能够带来丰厚的经济利益，相较于传统的信息安全问题，移动商务情景下的用户信息安全问题更加严重。据新闻网发布的一项手机App信息安全调查报告显示，认为存在过度采集用户信息的受访者占比89.62%，认为用户信息不安全的占比79.23%。

随着互联网产业和移动通信技术的快速发展，移动设备的便利性特点越来越突出。在使用过程中，移动商务运营商能够十分便捷、持续地搜集、获取和分析用户的个人隐私信息。移动商务用户面临着信息被泄露、被窃取的安全隐患，同时也可能遭受手机后台软件窃听等。例如，移动商务平台基于精准推送的需要而强制收集用户的个人隐私信息，违规向第三方移动应用平台提供用户个人信息；窃听用户聊天内容，移动网络用户反映过"刚刚聊到某个话题，很快就能在某个App中收到相关广告"，用户对此感到很疑惑，这个话题也成为用户最为关切的问题。据我国工业和信息化部开展专项整治行动以来公开通报的11批违规App名单中有657款App"榜上有名"，其中因违规收集用户个人信息被通报的App占比超过50%，因App强制频繁过度索取权限、违规使用用户个人信息被通报的App各占20%左右。大多数移动商务用户往往在初始使用移动商务时关注了其功能，对移动商务信息的保护意识相对缺乏，但在持续使用过程中越来越多的用户

---

① 邓帅，徐璐.电商个性化背景下企业间隐私保护的主从博弈分析[J].经济与管理，2019，33（2）：32-37.

感知到个人信息缺乏控制，引起用户对披露的个人信息的担忧，直接影响着用户披露个人信息与使用移动商务平台的意愿。[①]这也反映出移动商务用户面对精准、个性化服务时存在信息保护担忧，随着移动商务用户在披露个人信息时对安全问题的愈发敏感，用户在披露个人信息时如果对信息安全感知到威胁或风险时，自然会对该类威胁或风险进行披露风险评估[②]，以评估结果来决定是否继续使用移动商务应用。因此，用户的信息披露行为直接影响着移动商务平台的发展。

移动商务为用户带来便利的同时，也面临着用户个人信息被泄露、滥用和窃取的风险。而且，随着未来新的应用风险的出现，信息安全问题会变得更加复杂。移动商务情景下用户披露的个人信息的安全问题已成为制约用户个人信息披露和移动商务进一步发展的关键因素，也越来越受到学术界和产业界的广泛关注。[③]

（四）移动商务信息亟需系统的立法和严格的监管

随着大数据时代的到来，有效地保护用户个人信息成为人们面临的重要问题和诉求，尤其对于移动商务平台来讲，移动商务平台的参与方除运营商之外，还包括经销商、服务提供商、用户、第三方支付机构、第三方应用、广告媒体、移动终端等，其商务活动属于典型的多边市场。从用户个人信息保护的角度来看，移动商务平台数据流转的环节复杂，数据处理者较多，那么保护用

[①] 刘百灵，杨世龙，李延晖.隐私偏好设置与隐私反馈对移动商务用户行为意愿影响及交互作用的实证研究[J].中国管理科学，2018，26（8）：164-178.

[②] 董聪，姜波，卢志刚，刘宝旭，李宁，马平川，姜政伟，刘俊荣.面向网络空间安全情报的知识图谱综述[J].信息安全学报，2020，5（5）：56-76.

[③] 程慧平，闻心玥，苏超.社交媒体用户隐私披露意愿影响因素模型及实证研究[J].图书情报工作，2020，64（16）：92-104.

户个人信息安全的难度也就更大。在移动商务平台现实运营过程中，有的机构或企业为了追求经济利益而无所顾忌地侵犯用户个人的隐私权，移动商务用户就更加需要系统、强有力的法律法规来保护用户信息[①]，通过法律法规来明确政府、司法机构、企业、公民个人等不同主体在个人信息保护中享有的权利、应尽的义务和职责，规范用户信息收集使用、用户信息委托处理、用户信息出境安全等法律要求，确保政府监管到位和企业合法合规。出台法律条例是完成用户个人信息保护的第一步，提高相关法规的监管和惩罚力度才是关键。目前我国用户个人信息保护法律相对薄弱，监管的震慑力和惩罚力度有限。

党的十九大报告明确提出"数字中国""网络强国""智慧社会"，这些都离不开个人信息的保护，我国也从战略层面逐步加强对个人信息保护。从现阶段立法程度来看，我国的个人信息保护立法属于分散模式，专门性的个人信息保护法尚未出台。法律法规越来越重视对网络用户隐私信息的直接保护，我国先后出台了《关于加强网络信息保护的决定》（2012）、《电信和互联网用户个人信息保护规定》（2013）、《网络安全法》（2016）。2021年1月1日起施行的《中华人民共和国民法典》是中华人民共和国首部以法典命名的法律，其第一千零三十三条对于信息侵犯也给出了明确的规定，第一千零三十七条明确规定了个人信息主体的权利，第一千零三十八条规定了信息处理者的四大义务。以上这些都反映了我国对公民个人信息的保护力度和国家对个人信息的重视程度。但即使如此，从现阶段法律的实施效果来看，

---

① 米允龙，米春桥，刘文奇.海量数据挖掘过程相关技术研究进展[J].计算机科学与探索，2015，9（6）：641-659.

对个人信息保护作用的发挥还有一个过程。①目前用户个人信息保护工作形势严峻,用户个人的信息泄露渠道多、难追查,同时针对窃取用户信息的违法行为处罚力度低。因此,应该加快立法进程,同时加大处罚力度,加大对用户信息的保护力度,加快完善相关配套法规规章。

目前,我国关于个人信息保护的法律法规仍然依赖于个人信息收集使用的告知同意原则,有利于保证用户对个人信息收集、使用的知情权和选择权,但仅仅依赖告知同意原则,没有办法保障个人信息安全。②移动商务平台数据具有流转链条长、环节多的特点,未来制定针对移动商务行业信息保护制度时,应确保移动商务用户的知情权和选择权,合理分配数据安全责任,保障移动商务的便捷与效率。

二、研究问题

由上述研究背景分析可知,随着移动互联时代的到来,移动商务也迅猛发展逐渐成为网络购物的主要形态,物联网、移动通信等技术和商务模式的高度融合让网络消费模式焕发了新的生机。在快速兴起的移动商务模式下,各类移动商务平台加快转型升级,充分利用大数据分析、人工智能决策等对海量用户数据进行深度挖掘,精准定位客户群,为用户提供精准的个性化产品或服务,以实现与精准需求匹配,进一步维系老客户、吸引新客户,从而获得更大的商业收益。平台之间的竞争重点也正在从提高技术水平转向优化用户体验。移动商务用户为了追求个性化产品或服务、

---

① 朱珊珊,王建学.台湾地区特种个人资料的刑法保护及启示[J].台湾研究集刊,2020(4):84-91.
② 万方.隐私政策中的告知同意原则及其异化[J].法律科学(西北政法大学学报),2019,37(2):61-68.

节省搜索成本等也有披露个人信息的意愿,开始披露或允许移动商务平台获取、使用、分析其个人信息。这本是"互利双赢"的大好局面,但在现阶段法律法规对用户个人信息保护有限的背景下,各类移动商务平台在经济利益驱使下,面对信息保护意识不强的用户开始无所顾忌地伤害用户的隐私权,通过各种违规渠道过度或非法收集、使用、泄露、滥用用户个人信息,更有甚者直接对用户信息进行窃听。同时,由于移动商务平台数据流转链条长、环节多,如何实现移动商务用户信息安全责任的合理分配,如何确保移动商务用户的知情权和选择权,如何在保护移动商务用户个人信息的同时保障移动商务的便捷与效率,均成为棘手问题,用户个人信息保护难度更大。而且,移动商务用户在使用移动商务平台过程中也越来越感知到个人信息缺乏控制,信息安全担忧越来越多,这直接影响到用户个人信息披露意愿。面临诸多风险,移动商务用户也进入两难局面:一是不披露个人信息就很难享用移动商务平台提供的精准、个性化服务、智能搜索功能以及其他方面的收益(折扣、优惠券)等;二是一旦披露个人信息,就将面临个人信息泄露、滥用的风险,势必对用户个人的财产安全甚至人身安全、构成威胁。此时,如果认为有风险就不披露任何个人信息,这对用户和移动商务发展来说只会有百害而无一利,移动商务用户需要做的是权衡披露个人信息带来的利害关系,识别风险要素有哪些,并进行风险评估,对风险可控的移动商务平台可以适当披露个人信息,以达到"互利双赢局面",对风险不可控的移动商务平台就要少披露或尽量不披露个人信息,以规避潜在的财产、人身安全问题。

综上所述,移动商务在迅速扩展的同时也伴随着一系列个人信息利用和保护的问题。只有积极解决这些问题,给出切实可行的解决对策,才会促进我国移动商务健康持续发展。基于上述分析，本书提出以下几方面的研究问题。

（1）在移动商务情景下，用户在披露个人信息时面临收益和风险，那么用户在权衡利害关系时是如何进行决策的？其中的移动商务用户信息决策行为机理和用户感知风险的影响因素是什么？

（2）在移动商务情景下，移动商务用户个人信息决策风险因素和风险评价指标有哪些？如何构建一套移动商务信息安全风险评价体系？

（3）对移动商务用户来讲，如何对诸多移动商务平台进行定量、准确的风险评估？

（4）根据风险评估结果，如何改善移动商务平台的风险环境？如何更好地发挥政府、行业等的监管职能？

基于以上问题，本书深入研究移动商务用户信息决策行为机理和移动商务信息安全风险因素，构建移动商务信息安全风险评价体系，提出有效的安全风险度量和评估方法，帮助用户选择风险可控的移动商务应用，指导改善移动商务信息安全风险环境，从而确保用户个人的信息安全。

第二节　研究目的与意义

一、研究目的

移动商务平台可以遵照法律法规采集、使用用户信息，通过数据分析来优化营销策略，并为用户定制精准、个性化的服务，进一步提升用户消费体验，以此推进移动商务的快速发展。但在移动商务运营过程中，用户个人信息往往面临着被泄露、滥用、窃取的风险，用户信息被侵权的案例时有发生。针对诸多风险，本书通过研究移动商务用户信息决策行为的内在机理和移动商务信息安全风险因素，构建移动商务信息安全风险评估体系，提出有效的安全风险度量和评估方法，帮助用户选择风险可控的移动商务应用，指导并改善移动商务信息安全风险环境，从而确保用户个人的信息安全，以达到移动商务健康发展和用户安全享用精准、个性化服务的"互利共赢"的目的。根据上述提出的研究问题，本书研究目的如下：

（1）根据移动商务用户信息决策行为特征和影响因素，借助相关理论构建移动商务用户信息决策行为机理模型；通过实证分析方法，验证移动商务用户进行信息决策的过程以及其中的风险影响因素。

（2）根据验证的风险影响因素来选取风险评价指标，构建一套科学的移动商务信息安全风险评价体系，帮助用户梳理移动商务复杂结构中的信息安全风险因素。

（3）提出有效的移动商务信息安全风险度量和评估方法，为用户提供准确、定量的信息安全风险评估结果，帮助用户筛选出个人感知风险可控或可接受的移动商务平台。

（4）根据评估结果，从信息安全风险因素以及政府、行业、移动商务运营商等角度提出风险管理策略，进一步改善移动商务信息安全风险环境，推进移动商务快速健康发展。

二、研究意义

（一）理论意义

1. 为移动商务用户信息决策行为机理研究提供了新的视角

移动商务平台对移动商务用户个人信息的采集、分析和使用密切关系到移动商务营销策略的制定和行业的快速发展，因此，研究移动商务用户个人信息决策行为对于推进移动商务发展具有重要的意义。本书以隐私计算理论为基础，结合信息安全风险管理理论、信息安全评估规范（GB-T20984-2007）对移动商务用户信息决策行为机理进行探索。从用户感知的角度出发，认为用户信息决策行为是在权衡感知收益和感知风险后产生的行为结果。在此基础上，本书构建移动商务用户信息决策行为机理模型，通过样本数据实证分析对提出的理论模型及关系假设进行验证，并进一步探讨移动商务用户感知信息安全风险的影响因素。这对于理解移动商务用户信息决策行为的内在作用路径和用户感知信息安全风险的影响因素、构建移动商务用户信息保护行为理论体系具有重要的理论意义。

2. 构建移动商务信息安全风险评价体系

随着互联网产业和移动通信技术的快速发展，移动商务运营商能够更加快捷轻松地获取移动商务用户的个人信息，但移动商务平台缺乏有效的信息保护措施，这就导致移动商务用户在披露个人信息时会进行信息安全风险评估。因此，研究移动商务信息安全风险评估对移动商务用户信息决策行为研究有重要意义。本书在移动商务用户信息决策行为机理理论模型实证研究的基础上，以移动商务信息安全风险因素为研究对象，选取了移动商务用户信息安全风险评价指标，将移动商务环境下用户信息安全风险分为技术风险、平台环境风险、平台运营管理风险、移动终端风险以及用户自身脆弱风险，依据风险类别构建移动商务信息安全风险评价指标体系，对移动商务信息安全风险因素进行系统全面的描述，从新的视角扩充了移动商务信息安全风险属性模型。

3. 提出移动商务信息安全风险度量和评估方法

以移动商务信息安全风险为研究对象，本书提出两种定性与定量相结合的评估方法：一是基于模糊综合评价法和 BP 神经网络的风险评估方法;二是基于信息熵和马尔可夫的风险评估方法。首先对移动商务信息安全风险评估方法采用的理论、思路和计算步骤进行梳理,接着通过案例分析对评估方法进行检验,最后对评估结果进行分析,阐述移动商务信息安全风险级别与风险指标。从定性与定量相结合的角度来研究移动商务环境下的信息安全风险,提供准确、定量的信息安全风险评估结果,从而扩充了移动商务信息安全风险评估方法。

(二)现实意义

1. 帮助移动商务运营商把握用户信息决策的内在机理

移动商务平台在采集用户个人信息方面最大的特点就是可以通过移动终端方便、快捷地获取到用户个性化的需求信息,这对移动商务营销策略的制定至关重要。本书研究、探讨了移动商务用户信息决策行为的内在机理和移动商务信息安全风险影响因素,可以帮助移动商务平台了解、把握移动商务用户进行信息决策的过程以及权衡信息决策时的积极因素、消极因素,有助于移动商务平台优化用户信息采集途径,制定有效的运营管理机制。

2. 指导移动商务平台控制用户信息安全风险

本书针对移动商务环境下移动商务信息安全风险进行研究,对移动商务用户信息安全风险因素进行了实证分析,构建了信息安全风险指标体系,并通过案例进行了信息安全风险评估和风险分析。这能够帮助移动商务运营商剖析用户披露个人信息时的风险评估过程,把握风险因素和评价指标范围,识别平台技术、平台环境、运营管理、移动终端等方面的高风险因素与指标,指导移动商务运营商针对较高的风险因素和指标采取应对措施以进行管控和约束,主动在风险源头上进行风险把控,以降低用户信息安全风险，引导移动商务用户在风险可控的移动商务平台适当披露个人信息。

3. 为移动商务信息安全风险管理提供法律法规、监管策略

在移动商务快速发展及个人信息保护法律法规、监管机制不够完善的背景下，移动商务用户对个人信息的敏感程度大幅提升，尤其是在移动商务用户进行信息决策过程中，用户对风险进行评估后认为信息安全风险过大或不可控时，对披露个人信息的意愿就会降低，这直接影响到用户对移动商务平台的使用。因此，通过对移动商务信息安全风险的研究，政府相关机构可以针对高风险因素加强用户信息保护方面的立法，通过制定有针对性的信息保护法律法规来约束违法违规行为。同时，也有助于政府和电商行业针对信息安全风险问题加强风险监管。这对移动商务信息保护具有重要意义，同时为立法和完善监管机制也有重要启示作用。

第三节 文献综述

一、移动网络用户信息决策行为研究

移动互联网技术和移动终端设备的普及和快速发展让人们的日常生活变得尤为便利。随着移动网络技术水平的提高，移动网络用户的覆盖面也逐渐增大，国内外学者对移动网络用户个人信息决策行为展开了诸多研究。

有些学者对移动网络用户信息决策行为面临的风险现状进

行了研究。Keith 和 Thompson 等（2013）[①]指出，移动商务平台的使用者在网上浏览的过程中或多或少都会留下相关的记录，这些记录大多都会被披露给电商平台，电商平台可以通过数据抓取来分析消费者的购物习惯和偏好，从而为用户推荐需要的产品，为用户提供个性化的服务。在用户获得平台精准服务的同时，也意味着自己的信息在互联网上已经泄露。Li 和 Lin 等（2015）[②]针对用户信息决策行为进行了相关研究。其研究表明移动互联网环境下的个人信息安全问题更为严峻，用户个人信息的泄露和挖掘对用户人身和财产安全构成了极大威胁。赵付春（2017）[③]认为现有的信息保护政策不足以约束企业的行为，会提高用户信息泄露的风险。张玥和孙霄凌等（2018）[④]认为信息保护的关注和社交互联网上用户披露信息的程度是息息相关的，用户每一次接入公共网络就会被迫披露非常微小的信息，如行车记录仪的轨迹、部分定位信息、通讯录等。焦识樵（2019）[⑤]提出相同见解，指出恶意动机的攻击者将大量用户泄露的微量信息存储成为数据仓库，从中可以发掘出更有价值、能产生利益的信息。

---

① Keith M., Thompson S., Hale J., et al. Information disclosure on mobile devices: Re-examining privacy calculus with actual user behavior[J].International journal of human-computer studies, 2013, 71(12): 1163-1173.
② Li K., Lin Z., Wang X. An empirical analysis of users' privacy disclosure behaviors on social network sites[J]. Information & management, 2015, 52(7): 882-891.
③ 赵付春.大数据环境下用户隐私保护和信任构建[J].探索与争鸣, 2017(12): 97-100.
④ 张玥, 孙霄凌, 陆佳莹, 朱庆华.基于隐私计算理论的移动社交用户信息披露意愿实证研究——以微信为例[J].图书与情报, 2018(3): 90-97.
⑤ 焦识樵.社会化电子商务用户隐私信息披露意愿影响因素研究[D].吉林大学, 2019.

有些学者对移动网络用户信息决策行为内在机理和影响因素进行了研究。Culnan 和 Armstrong（1999）[①]首次提出"隐私计算理论"，认为用户个人会进行利弊权衡，只有用户感知收益大于或等于感知风险时才会进行信息披露。Iachello 和 Smith 等（2005）[②]通过研究提出，目前在电子商务领域消费者的信息披露和国家信息保护政策的出台是息息相关的。Dinev 和 Hart（2006）[③]认为网站对用户信息的保护技术会对消费者披露个人敏感信息的意愿产生显著影响。Krasnova 和 Spiekermann 等（2010）[④]提出社交网站可以为用户提供信息管理和技术保护的工具，这样能够获得用户的信赖，让用户有高信任度，提高用户的披露意愿。Nam 和 Song 等（2006）[⑤]认为个体的信息披露意愿会受个体的信息保护关注所影响，个体如果比较关注自己的隐私，就不愿意在互联网上披露个人的隐私信息。Tufekci（2008）[⑥]提出个体对自我信息的披露行为是个体隐私关注度的最直接体现，也是个体隐私控制

---

① Culnan M., Armstrong P.Information privacy concerns, procedural fairness, and impersonal trust: An empirical investigation[J]. Organization science, 1999, 10（1）: 104-115.
② Iachello G., Smith I., Consolvo S., et al. Developing privacy guidelines for social location disclosure applications and services[C].Proceedings of the 2005 symposium on Usable privacy and security. 2005: 65-76.
③ Dinev T., Hart P. An extended privacy calculus model for e-commerce transactions[J]. Information systems research, 2006, 17（1）: 61-80.
④ Krasnova H., Spiekermann S., Koroleva K., et al. Online social networks: why we disclose[J]. Journal of information technology, 2010, 25（2）: 109-125.
⑤ Nam C., Song C., Park E., et al. Consumers' privacy concerns and willingness to provide marketing-related personal information online[J]. ACR North American Advances, 2006, 33（1）: 212-217.
⑥ Tufekci Z. Can you see me now? Audience and disclosure regulation in online social network sites[J]. Bulletin of Science, Technology & Society, 2008, 28（1）: 20-36.

能力的最直接展现。杨姝和王刊良等（2009）[①]通过实验研究表明，隐私协议、网站声誉及隐私信用图章等对隐私信任和信息披露意图产生正向影响，隐私信任对信息披露意图产生正向影响。吴亮和邵培基（2011）[②]通过研究证明，消费者会期待网站提供可靠性强的技术保护自己披露的隐私信息。Stutzman 和 Gross 等（2013）[③]研究发现，政府制定严格的隐私信息保护法律法规能够有效地减轻消费者的隐私顾虑，促使消费者隐私信息披露意愿。Zlatolas 和 Welzer 等（2015）[④]通过研究发现隐私保护制度会对脸书用户披露个人隐私信息产生积极影响。梁丽婷（2015）[⑤]从用户感知、用户利益和用户特性等角度来研究用户隐私信息披露意愿的影响因素。研究指出，隐私关注水平高的用户，其隐私信息披露意愿越低，甚至会产生规避行为。郭宇和段其姗等（2018）[⑥]通过对移动学习用户隐私信息披露行为的实证研究表明，用户隐私信息披露意愿正向影响隐私信息披露行为，感知移动学习收益性和隐私控制自我效能等正向影响隐私信息披露意愿，而感知移动学习风险性负向影响用户隐私信息披露的意愿。熊渐（2018）[⑦]基于演化博弈论

[①] 杨姝，王刊良，王渊，李蒙翔.声誉、隐私协议及信用图章对隐私信任和行为意图的影响研究[J].管理评论，2009，21（3）：48-57.

[②] 吴亮，邵培基.基于决策树选择模型的物联网隐私信息保护策略研究[J].管理学报，2011，8（12）：1872-1878.

[③] Stutzman F., Gross R., Acquisti A. Silent listeners: The evolution of privacy and disclosure on Facebook[J]. Journal of privacy and confidentiality, 2013, 4（2）: 7-41.

[④] Zlatolas L., Welzer T., Heričko M., et al. Privacy antecedents for SNS self-disclosure: The case of Facebook[J]. Computers in Human Behavior, 2015, 45: 158-167.

[⑤] 梁丽婷.用户隐私信息披露意愿研究和发展综述[J].品牌，2015（12）：55-56.

[⑥] 郭宇，段其姗，王晰巍.移动学习用户隐私信息披露行为实证研究[J].现代情报，2018，38（04）：98-105+117.

[⑦] 熊渐.移动商务用户隐私信息披露行为及其保护问题的研究——基于演化博弈论的视角[J].智富时代，2018（2）：63-64.

的视角研究了移动商务用户隐私信息披露行为及其保护问题，研究表明感知收益与感知风险的因素对用户的自我感知意愿均产生强烈的影响。

从目前国内外学者关于移动网络用户信息决策行为的研究来看，国内外学者具有一致的研究方向，研究领域主要分为两部分：一是移动网络用户信息决策行为面临的风险现状；二是移动网络用户信息决策行为机理和影响因素。本书将在上述国内外学者研究的基础上探究移动商务情景下用户信息决策行为的内在机理、移动商务信息安全风险因素以及风险评估方法。

二、移动网络用户信息安全风险因素研究

（一）风险与平台技术

在移动网络用户信息决策过程中，用户一直面临着移动网络和应用平台方面的技术风险。随着移动互联时代的到来，技术方面的问题不仅没有得到彻底解决，相反，由于移动应用市场的迅速发展，移动终端和移动应用平台的多样化、智能化，技术安全问题变得更加突出。

国内外学者针对移动网络用户信息决策过程中的技术问题进行了深入的探究。王侃（2009）[1]根据Dempster-Shafer合成公式、模糊综合评价，对移动商务交易过程中面临的信息安全风险进行评估，对影响移动商务交易安全的因素进行了归纳总结，阐述了网络访问控制、网络应用协议、防火墙、身份认证、数据加密等技术带来的威胁。李睿（2014）[2]根据隐私计算探究了用户隐

---

[1] 王侃.基于证据理论的移动商务交易风险评估与控制决策研究[D].华中科技大学，2009.
[2] 李睿.移动互联网环境下隐私泄露容忍度的测量与实证研究[D].大连理工大学，2014.

私信息披露的影响因素。其研究结论表明,隐私保护信念对不合理访问、未授权使用和信息收集产生负向影响;合理的访问对用户披露个人信息的意愿产生正向影响。赵卓鹤(2014)[①]研究指出,现代移动网络使用的无线信号的开放性很容易导致信号在传播时就受到拦截,甚至遭到破坏者的破解,信号一旦被拦截,用户的位置信息、通话信息甚至身份信息就会被暴露。李延晖和梁丽婷等(2016)[②]认为造成互联网出现安全问题的根源,是移动互联网的结构和框架是开放性的,开放性的架构可以让用户清楚地观测到互联网内部的结构,并且获得重要的节点地址,攻击者可以在不同的节点截获网络用户的数据,致使用户的数据失去安全保障。Farid 和 Amna(2017)[③]以移动商务中的社区云为研究对象,指出移动商务中消费者的隐私安全主要取决于数据加密、入侵检测、身份管理、安全感知、隐私协议、隐私原则、隐私实践和有效的数据库利用等。Yosef 和 Qusay(2017)[④]分析了网络物理系统(CPS)体系结构的各个层次的安全问题,并指出要提高其安全性,需要注意相关技术方面的影响,如认证、访问控制、数据加密、环境监控、安全路由协议、网络访问控制、攻击检测机制、用户认证和授权等。田波和郑羽莎等(2018)[⑤]对软件的危害做了分析,认

---

① 赵卓鹤.移动互联网社交应用软件使用意愿影响因素实证研究[D].山东大学,2014.
② 李延晖,梁丽婷,刘百灵.移动社交用户的隐私信念与信息披露意愿的实证研究[J].情报理论与实践,2016,39(6):76-81.
③ Farid S., Amna I. Community clouds within M-commerce: a privacy by design perspective[J]. Journal of Cloud Computing, 2017, 6(1): 22-33.
④ Yosef A., Qusay H. Cyber physical systems security: Analysis, challenges and solutions[J]. Computers & Security, 2017, 68: 81-97.
⑤ 田波,郑羽莎,刘鹏远,李春好.移动 APP 用户隐私信息泄露风险评价指标及实证研究[J].图书情报工作,2018,62(19):101-110.

为如果软件存在欺骗行为，就可能导致用户的信息出现混乱，这让被攻击的终端不能安全地连接网络，也导致平台不能和用户进行安全的通信。Erfan 和 Saurabh 等（2018）[①]研究了在线社交网络上保护用户隐私信息的有效途径，指出匿名化技术有助于降低用户在移动社交环境中的个人隐私泄露的风险。许家乐和乔喆等（2019）[②]提出，很多认证机制没有经过严格的鉴权就接入网络，而网络无法获得应用终端的安全状况，不能采取有效措施来控制不安全因素。

（二）风险与平台环境

在移动互联时代，各类平台运营商和内容提供商获得了移动网络带来的巨大商业利益，移动应用平台（购物、娱乐、学习、游戏等 App）获得了前所未有的发展机遇，同时也面临着严重的外部和内部双重环境风险威胁和挑战。

国内外学者针对移动应用平台发展过程中面临的平台环境风险进行了研究。朱义杰（2016）[③]根据模糊综合评价得出位置方面的平台环境风险包括社交软件发布位置信息泄露、定位设备泄露、位置服务 App 泄露。Zhu 和 Carol 等（2016）[④]研究了隐私计算在电子商务个性化服务中的应用，认为位置信息在移动商务

[①] Erfan A., Saurabh G., James M. A Privacy-Enhanced Friending Approach for Users on Multiple Online Social Networks[J].Computers，2018，7（3）.

[②] 许家乐，乔喆，王晓晴，李斐.移动互联网用户隐私信息检测保护技术研究及应用[J].电信工程技术与标准化，2019，32（12）：12-17+22.

[③] 朱义杰.基于位置服务中的隐私泄露风险分析与评估[D].贵州大学，2016.

[④] Zhu H., Carol X., W. H., et al. Privacy calculus and its utility for personalization services in e-commerce：An analysis of consumer decision-making[J]. Information & Management，2016，54（4）：427-437.

中极为敏感,位置信息的暴露将有可能造成移动商务中信息滥用的风险。Mark Fodor(2015)基于位置服务应用进行了实证分析,结果表明,基于位置的服务是智能应用平台的关键应用,位置数据被用户视为敏感数据,面临着泄露的风险和安全威胁。[1]朱光和丰米宁等(2016)[2]研究了当前大数据情景下隐私信息保护机制的局限性问题,提出了一种基于熵值法、层次分析法(AHP)的社交网络环境下用户隐私信息风险的模糊评估方法。评估结果表明,社交网络平台风险因素包括隐私安全设置烦琐、软硬件技术缺陷、管理制度不规范、物理环境保障风险、网络通信协议漏洞等。Froelicher 和 Egger 等(2017)[3]在物联网技术的基础上分析了安全路由协议不兼容对用户隐私泄漏风险造成的影响,研究指出路由协议技术制约物联网保密。Anabel 和 Simon 等(2019)[4]使用隐私计算理论探索了基于位置的移动广告带来的关键风险因素,认为移动应用平台中的广告对用户隐私存在侵入性,可能会强行获取用户的位置等信息,对用户的隐私安全构成威胁。Verena 和 Eva 等(2018)[5]提到部分移动商务应用在启用前会强行要求用户接受

---

[1] Mark F., Alexander B. Do privacy concerns matter for Millennials? Results from an empirical analysis of Location-Based Services adoption in Germany[J]. Computers in Human Behavior, 2015 (53): 344-353.

[2] 朱光,丰米宁,陈叶,杨嘉韵.大数据环境下社交网络隐私风险的模糊评估研究[J].情报科学,2016,34(9):94-98.

[3] Froelicher D., Egger P., Sousa J S., et al. Unlynx: a decentralized system for privacy-conscious data sharing[J]. Proceedings on Privacy Enhancing Technologies, 2017, 2017(4): 232-250.

[4] Anabel G. Simon R., Yogesh K. Dwivedi, Tatiana C. Using privacy calculus theory to explore entrepreneurial directions in mobile location-based advertising: Identifying intrusiveness as the critical risk factor[J]. Computers in Human Behavior, 2019 (95): 295-306.

[5] Verena W., Eva R., Edith G. The privacy trade-off for mobile app downloads: The roles of app value, intrusiveness, and privacy concerns[J]. Decision Support Systems, 2018(106): 44-52.

部分隐私权限，并且在使用过程中用户对于是否共享自身信息没有自主权。王持恒和陈晶等（2018）[①]针对移动广告技术进行了相关研究，指出移动广告已经成为移动商务市场网络营销的一种重要手段，但为了追求广告的精准投放和其他非法利益，移动商务市场出现了诸如基于宿主权限的移动广告漏洞攻击。金恩希（2019）[②]研究指出，针对传统隐私权的保护措施已无法满足移动商务环境下虚拟网络隐私权的需要，而网络隐私权的相关法律法规不够完善、用户网络隐私保护意识缺乏、行业自律意识相对淡薄等在一定程度上影响了网络用户的隐私信息安全。在此情形下，某些移动商务平台趁机钻法律漏洞提出收集、使用用户隐私信息的霸王条款。Makhdoom和Zhou等（2020）[③]认为，匿名广播的加密方案相较于传统的广播加密能够实现接收者匿名，可以有效地保护用户隐私信息的安全，但是现有的匿名广播的加密方案存在相对较大的归约损失。石婧和潘雅（2020）[④]以移动应用平台隐私信息披露的霸王条款作为研究对象，指出很多移动应用平台的隐私声明会设置逃避责任、留有余地的条款。隐私声明中即使列出了用户有权对个人隐私信息进行更正、删除，但并没有明确告知用户更改隐私设置的途径，用户自然也不知道通过何种路径来维护自己的权利。

---

① 王持恒，陈晶，苏涵，何琨，杜瑞颖.基于宿主权限的移动广告漏洞攻击技术[J].软件学报，2018，29（5）：1392-1409.
② 金恩希.大数据时代个人隐私行政法保障的现状和对策[J].智富时代，2019，000（006）：1-1.
③ Makhdoom I., Zhou I., Abolhasan M., et al. PrivySharing: A blockchain-based framework for privacy-preserving and secure data sharing in smart cities[J]. Computers & Security，2020（88）：397-400.
④ 石婧，潘雅.隐私声明评估指标体系与网络应用文本分析[J].现代传播（中国传媒大学学报），2020，42（3）：76-82.

(三)风险与平台运营管理

在移动应用平台实际运作过程中,平台运营商自身的运营管理体系也会给移动网络用户信息带来安全风险。例如,移动应用平台运营管理不完善、不妥当会进一步加剧移动网络用户信息泄露的风险。

国内外学者针对移动应用平台运营管理方面的信息安全风险展开了研究。学者 Ghosh 和 Swaminatha(2001)[1]指出,移动应用平台的竞争非常激烈,很多平台迫于竞争压力存在过度收集用户隐私信息、滥用平台权限的情形,而移动应用程序的审核机制还不够完善,也给恶意的移动应用程序提供了可乘之机。刘多和落红卫(2013)[2]指出,电商企业在运营管理过程中往往存在不经用户的同意或授权擅自使用、分享、加工用户的个人隐私信息的情形。张秋瑾(2015)[3]针对云计算隐私安全构建了风险评估模型,认为云计算平台管理类风险包括身份验证、访问控制、网络监控、审查支持、内部人员等九个风险小类。曹梓远(2015)[4]研究指出,国内大多电商企业采取的隐私保护机制不够完善,没有设置强大的安全保护系统,通常只是实行等级较低的安全防护措施,用户的隐私信息受到了极大威胁。邝青青(2016)[5]利用关联分析方法、博弈论方法对个人隐私泄露风险进行了风险评估,结果显示内部人员恶意泄露、非法出售网络用户个人信息、内部人员错

---

[1] Ghosh K., Swaminatha M. Software security and privacy risks in mobile e-commerce[J]. Communications of the ACM, 2001, 44(2): 51-57.
[2] 刘多,落红卫.移动智能终端个人信息安全风险与保护措施[J].保密科学技术,2013(4):6-10.
[3] 张秋瑾.云计算隐私安全风险评估[D].云南大学,2015.
[4] 曹梓远.监控视频的异常行为检测方法研究与软件实现[D].电子科技大学,2015.
[5] 邝青青.基于个人隐私泄露的风险评估[D].贵州大学,2016.

误操作、管理机制缺陷、第三方泄露等对用户隐私构成了威胁。陈浩（2016）[①]指出，移动广告内容杂乱，在用户流量和第三方流量引入和导出的过程中，很容易植入病毒对用户的相关信息进行窃取，而其源头在于平台运营管理不完善等。田波和郑羽莎等（2018）[②]认为移动 App 在管理方面存在的隐私风险包括法律或制度硬性要求、隐私信息披露标准不完善、监管与惩戒体系缺乏、内部人员恶意泄露等。相甍甍和王晰巍等（2018）[③]结合信息安全评估规范（GB-T20984-2007）和移动商务用户消费行为特点，在其风险评价指标体系中引入了隐私管理机制、平台隐私保护投入、信息共享风险、第三方信息搜集，隐私法律差异等相关因素。王舒谕（2018）[④]指出，开发、经营 App 的运营商强迫用户同意或授权其收集用户个人隐私信息，甚至隐瞒用户收集用户个人隐私信息，一旦发生信息的滥用、误用、泄露等，将对用户合法权益造成成倍的损害。Degirmenci（2020）[⑤]通过对目前接受调查的安卓应用程序样本研究发现，很多应用软件存在比较明显的窃取用户个人隐私信息的行为，在用户毫不知情的情况下窃取手机通讯录等重要的用户隐私信息。

---

① 陈浩.移动广告的安全和隐私问题[J].中国教育网络，2016（11）：33-35.
② 田波，郑羽莎，刘鹏远，李春好.移动 APP 用户隐私信息泄露风险评价指标及实证研究[J].图书情报工作，2018，62（19）：101-110.
③ 相甍甍，王晰巍，贾若男，王雷.移动商务中消费者个人隐私信息披露风险评价体系[J].图书情报工作，2018，62（18）：34-44.
④ 王舒谕.《网络安全法》对个人信息保护的保障研究[D].黑龙江大学，2018.
⑤ Degirmenci K. Mobile users' information privacy concerns and the role of app permission requests[J]. International Journal of Information Management, 2020（50）: 261-272.

（四）风险与用户自身

我国移动互联网用户个人缺乏一定的网络信息安全素养，这也会导致移动互联网信息安全防护时出现难以修补的主观漏洞。而且，随着 4G 技术的普及和 5G 技术的到来，移动网络用户自身风险也在进一步加剧。

国内外学者针对移动应用平台用户自身方面的信息安全风险进行了研究。朱光和丰米宁等（2016）[①]对大数据环境下社交网络的隐私风险因素进行了定性分析，认为用户自身行为方面的风险因素主要有隐私关联设置、简单密码设置、信息行为疏忽、空间位置共享等。封思贤和袁圣兰（2018）[②]指出目前我国大部分个人移动网络用户都会暴露在无线网的公共环境下，尤其在高风险网络环境下使用网络 15 分钟内，用户的银行账号和网页浏览内容等个人隐私信息就可能被他人获取；有的网络用户习惯用同一个邮箱地址来注册不同的移动应用程序，甚至这些程序上的用户共用一个密码，密码设置也较为简单，一旦用户在某个平台上的账号被盗，就可能面临其他平台账号被盗的风险。Ampong 和 Mensah 等（2018）[③]提到隐私意识、隐私关注点和隐私入侵经历是影响用户隐私披露的重要因素。相甍甍和王晰巍等（2018）[④]构建了移动商务用户个人隐私信息披露的风险评价指标体系，通过实证

[①] 朱光，丰米宁，陈叶，杨嘉韵.大数据环境下社交网络隐私风险的模糊评估研究[J].情报科学，2016，34（9）：94-98.
[②] 封思贤，袁圣兰.用户视角下的移动支付操作风险研究——基于行为经济学和 LDA 的分析[J].国际金融研究，2018（3）：68-76.
[③] Ampong G., Mensah A., A. S. Y., et al., Examining Self-Disclosure on Social Networking Sites: A Flow Theory and Privacy Perspective[J]. Behavioral sciences, 2018.8（6）：58-75.
[④] 相甍甍，王晰巍，贾若男，王雷.移动商务中消费者个人隐私信息披露风险评价体系[J].图书情报工作，2018，62（18）：34-44.

研究发现消费者自身脆弱风险相对于其他指标风险性最大，这说明提高消费者自身的隐私安全意识是保护消费者隐私信息安全的重要举措。张继东和蔡雪（2019）[①]指出，用户随意连接缺乏安全防护的 WiFi 信号极易导致个人隐私信息泄露；用户在注册移动应用时容易忽视隐私条款，随意将指纹等敏感信息上传移动应用平台，从而对个人隐私信息构成严重威胁。叶阿勇和金俊林等（2019）[②]指出，用户自身脆弱风险相对于其他评价指标来讲风险性最大，用户自身安全意识淡薄所占权重最大。综上可知，对于移动互联网的个人用户来说，信息安全意识的提升和移动互联技术的快速发展是不匹配、不协调的，移动网络用户在享受高速移动网络发展的过程中也要重视个人信息安全。

（五）风险与移动终端

当前移动终端也面临着各类信息安全风险。例如，不法分子通过病毒、恶意代码等攻击移动应用终端，对网络用户的信息安全构成威胁。

学者 Tu 和 Turel 等（2015）[③]指出，有的移动终端留有自动上传用户个人隐私信息的后门，在用户毫不知情的情况下收集、使用用户个人的敏感数据或推送一些病毒性网站、盈利性广告链接，将用户的隐私信息暴露给网络攻击者。兰晓霞（2017）[④]认为

[①] 张继东，蔡雪.基于用户行为感知的移动社交网络信息服务持续使用意愿研究[J].现代情报，2019，39（1）：70-77.

[②] 叶阿勇，金俊林，孟玲玉，赵子文.面向移动终端隐私保护的访问控制研究[J].信息网络安全，2019（8）：51-60.

[③] Tu Z., Turel O., Yuan Y., et al. Learning to cope with information security risks regarding mobile device loss or theft: An empirical examination[J]. Information & Management, 2015, 52（4）：506-517.

[④] 兰晓霞.移动社交网络信息披露意愿的实证研究——基于隐私计算与信任的视角[J].现代情报，2017，37（4）：82-86.

智能终端的便捷化与开放性为技术领域带来了更多的风险,一旦安装带有恶意程序的应用软件,原本为了方便用户的智能终端便成为恶意程序攻击的目标,就可能造成隐私窃取、系统破坏等结果。胡彬(2017)[①]指出,用户个人隐私信息面临着移动智能终端内部弱点的安全威胁,如访问控制缺失、数据明文存储、安全机制缺失、访问提示缺乏等。Rahman 和 Sloan(2017)[②]提出,随着越来越多的移动应用程序的普及,如手机支付、手机购物、手机炒股等,移动应用终端存储着用户个人的敏感数据,容易成为攻击目标。陈智勇(2017)[③]研究分析了外部攻击的相关特性,其研究指出外部攻击是指任何蓄意破坏、删除、修改以及非法访问移动智能终端的用户隐私信息的行为,如越权访问、恶意代码攻击、空口窃听等。Thibaud 和 Chi 等(2018)[④]研究指出,攻击者可以直接或利用虚假信息向移动终端嵌入恶意代码,在用户没有感知的情况下读取、修改、删除用户隐私信息,从而达到攻击目的。除了上述风险因素外,移动智能终端同样存在着潜在的多方面隐私风险,要提高其安全性,在移动终端还需要制定相应的安全措施,

---

① 胡彬.EMM 环境下移动终端风险与检测研究[J].网络安全技术与应用,2017(1):91-92.
② Rahman M., Sloan T. User adoption of mobile commerce in Bangladesh: Integrating perceived risk, perceived cost and personal awareness with TAM[J]. The International Technology Management Review, 2017, 6(3): 103-124.
③ 陈智勇. 移动设备风险分析及安全策略与最佳实践[J]. 科学与信息化, 2017, 000(3): 14-15.
④ Thibaud M., Chi H., Zhou W., et al. Internet of Things (IoT) in high-risk Environment, Health and Safety (EHS) industries: A comprehensive review[J]. Decision Support Systems, 2018(108): 79-95.

包括敏感数据保护[①]、污点追踪[②]、权限管理[③]、恶意事件监测[④]等。

综上所述，国内外学者针对移动网络用户信息安全风险因素分别从技术、移动应用平台环境、移动应用平台运营管理、用户自身、移动终端等五个方面进行了研究，并提出了各个层面存在的风险要素。本书梳理了相关文献中的移动网络用户信息安全风险因素，见表1.1。

1.1 移动网络用户信息决策风险因素

风险类别	风险因素
技术方面	移动接入安全性、网络共享技术风险、数据存储和传输风险、数据加密、入侵检测、授权和身份验证、访问控制、匿名化、轨迹信息隐藏
平台环境方面	硬件缺陷、数据共享协议、安全路由协议、移动网络漏洞、移动广告攻击、物理环境保障风险、隐私安全设置烦琐、位置信息泄露、法律或制度硬性要求、隐私法律多元化
平台运营管理方面	内部人员泄露风险、网络监控劫持风险、隐私管理机制、监管与惩戒体系、内部人员威胁、第三方信息搜集

[①] Nan Y., Yang Z., Yang M., et al. Identifying User-Input Privacy in Mobile Applications at a Large Scale[J]. IEEE Trans. Information Forensics and Security, 2017, 12（3）: 647-661.

[②] Li H., Wang B., Zhang W., et al. X-Decaf: Detection of Cache File Leaks in Android Social Apps[J]. JOURNAL OF ELECTRONICS & INFORMATION TECHNOLOGY, 2017, 39（1）: 66-74.

[③] Tan Y., Xue Y., Liang C., Jun Z., et al. A root privilege management scheme with revocable authorization for Android devices[J]. Journal of Network and Computer Applications, 2018, 107（1）: 69-82.

[④] Ruiz-Heras A., García-Teodoro P., Sánchez-Casado L.ADroid: anomaly-based detection of malicious events in Android platforms[J]. International Journal of Information Security, 2017, 16（4）: 371-384.

续表

风险类别	风险因素
用户自身方面	隐私意识、简单密码设置、信息行为疏忽、隐私关联设置、用户误操作及不当使用习惯、位置共享、隐私入侵经验
移动终端方面	网络及软件漏洞风险、第三方攻击风险、监听泄露风险、窃取风险、敏感数据保护、污点追踪、权限管理、恶意事件检测

三、移动网络用户信息安全风险评估方法研究

目前，国内外学者对信息安全风险的评估展开了多元化的研究，关于信息安全风险的评估研究已经取得了一定的研究成果。学者 Christin 和 Reinhardt 等（2011）[1]提出了一种基于攻击树的无线网络隐私风险评估方法，使用攻击树模型确定攻击者可能在无线网络中向隐私保护系统发起的攻击序列，指导决策者采取相应的位置隐私保护措施。Mylonas 和 Theoharidou 等（2013）[2]以《信息安全技术 信息安全风险评估规范》（GB/T20984—2007）为参考模型，采用网络分析法和灰色理论提出了一种新型的、保障个人信息系统的安全评估模式。蔡建强和张淼（2013）[3]归类了

---

[1] Christin D., Reinhardt A., Kanhere S., et al. A survey on privacy in mobile participatory sensing applications[J]. Journal of systems and software, 2011, 84(11): 1928-1946.
[2] Mylonas A., Theoharidou M., Gritzalis D. Assessing privacy risks in android: A user-centric approach[C]. International Workshop on Risk Assessment and Risk-driven Testing. Springer, Cham, 2013: 21-37.
[3] 蔡建强, 张淼. 基于层次分析法的移动互联网安全风险评估研究[A]. 中国通信学会学术工作委员会.2013年中国信息通信研究新进展论文集[C].中国通信学会, 2014: 8.

商务交易的风险因素和风险成因，通过实证研究的方式构建了评价风险的指标与体系。Oetzel 和 Marie 等（2014）[①]提出了一种用于隐私影响评估的系统方法，将整个隐私影响评估（PIA）流程规划为七个步骤，包括系统的表征、隐私目标的定义、保护需求的评估、威胁的识别、控件的识别和建议、残留风险的评估以及 PIA 的文档处理。潘磊和李廷元（2015）[②]根据有关衡量标准和移动网络面临的威胁，针对移动网络用户的安全评估过程进行了模型描述，提出了基于层次分析法的移动网络安全评估模型，并且利用层次分析法对其进行了安全方面的评估。陈宇和王亚弟等（2016）[③]以移动社交互联网的风险线路为视角探究了风险评估方法，其考虑了外部的攻击和防护者之间的互动，从这两方面的因素评估了社交网络上个体用户信息泄露带来的风险，并且揭露了不同隐私泄露的方式以及危害程度。Lo 和 Yeh 等（2016）[④]考虑到用户隐私管理的新挑战提出了一个名为 LRPdroid 的 Android 平台的用户隐私分析框架，实现了基于 Android 的移动设备上安装的应用程序信息泄漏检测、用户隐私泄露评估和隐私风险的评估。袁浩和毛颖颖（2017）[⑤]针对位置服务中的个体隐私泄露风险进行了研

[①] Oetzel, Marie C., Spiekermann, Sarah. A systematic methodology for privacy impact assessments: a design science approach[J]. European Journal of Information Systems, 2014, 23（2）: 126-150.

[②] 潘磊，李廷元.适用于移动自组织网络的信息安全动态评估模型[J].计算机应用, 2015, 35（12）: 3419-3423.

[③] 陈宇，王亚弟，王晋东，王娜.模糊认知图在信息安全风险评估中的应用研究[J].计算机工程, 2016, 42（7）: 109-116.

[④] Lo N., Yeh K., Fan C. Leakage Detection and Risk Assessment on Privacy for Android Applications: LRPdroid[J]. IEEE Systems Journal, 2016, 10（4）: 1361-1369.

[⑤] 袁浩，毛颖颖.公共移动网络中节点位置隐私保护方法研究[J].现代电子技术, 2017, 40（16）: 35-37+40.

究，根据研究结果设计了两种避免因用户的定位暴露自己隐私的评估方案，并且对两个风险评估方案进行了实证测试。申琦（2017）[①]从访问控制角度出发，采用云模型来度量风险，提出了一种基于策略、动态上下文、角色和信任的移动网络风险评估方法。刘百灵（2018）[②]针对网络隐私信息，采用博弈论方法和关联分析方法分析了风险事件的来源，构建了风险评估指标体系，定性分析了大数据环境下社交网络的隐私风险因素，实证分析了社交网络平台的隐私风险。王持恒和陈晶等（2018）[③]提出了一种基于语义感知的 Android 应用隐私风险评估方法（称为 SPRisk），同时结合粗糙集理论、模糊聚类分析提出了一种新颖的自学习权重分配方法。Gao 和 Li 等（2019）[④]提出将信息熵理论用于云服务风险的评估，针对云计算安全风险的评估提出了可行的方案，解决了风险度量的问题，但是没有针对隐私安全进行分析。陈发堂和赵昊明等（2020）[⑤]从移动终端的角度设计了隐私安全风险评估方法，提出的评价体系包括用户视角下不同移动软件的关联性、错误操作和不良的互联网使用习惯等指标，同时指出，有些软件会因为

[①] 申琦.风险与成本的权衡：社交网络中的"隐私悖论"——以上海市大学生的微信移动社交应用（App）为例[J].新闻与传播研究，2017，24（8）：55-69+127.

[②] 刘百灵，杨世龙，李延晖.隐私偏好设置与隐私反馈对移动商务用户行为意愿影响及交互作用的实证研究[J].中国管理科学，2018，26（8）：164-178.

[③] 王持恒，陈晶，苏涵，何琨，杜瑞颖.基于宿主权限的移动广告漏洞攻击技术[J].软件学报，2018，29（5）：1392-1409.

[④] Gao T., Li T., Yang M., et al. Research on a Trustworthiness Measurement Method of Cloud Service Construction Processes Based on Information Entropy[J]. Entropy, 2019, 21（5）: 462.

[⑤] 陈发堂，赵昊明，吴晓龙，李阳阳.移动网络用户隐私与信息安全研究[J].南京邮电大学学报（自然科学版），2020，40（2）：35-40.

平台本身的原因造成内部员工滥用信息、泄露信息。刘永磊和金志刚等(2020)[①]通过构建攻击防护树模型来描述移动社交网络环境中隐私信息泄露的具体途径，并引入攻击、防御的成本和收益来构建安全博弈模型，揭示了攻击、防护者在不同条件下的行为特点。陈晓伟(2020)[②]认为在移动社交互联网上人们会泄露隐私，分析了隐私泄露的途径，对隐私泄露带来的安全问题进行了定性评估。Wei和Wu等(2020)[③]根据个人身份信息数据的可识别性、使用环境、数量、敏感性和新鲜度使用风险推荐系统构建了考虑隐私信息安全风险的评估模型；在考虑现有控制措施和风险的影响评估之后，计算出风险评估的可能性，从风险发生频率的角度对隐私安全进行了评估。

从目前学术界已有的研究成果来看，国内外相关研究大多集中在信息系统、移动社交网络中的信息安全风险评估方面，而针对移动商务平台的信息安全风险评估研究相对较少。文献中采用的风险评估方法对于信息安全风险评估的研究有着重要的参考价值，但针对移动应用平台信息安全风险因素的评估大多为定性阐述，定量研究相对较少。即使提出了一些定量的评估方法，也只是针对信息安全风险的某一类风险或某一单独的问题进行评估，并且存在大量的主观因素。本书梳理了相关文献中的风险评估方法，并分析了方法的优缺点，如表1.2所示。

---

① 刘永磊，金志刚，郝琨，张伟龙.基于STRIDE和模糊综合评价法的移动支付系统风险评估[J].信息网络安全，2020，20(2)：49-56.

② 陈晓伟.基于改进AHP算法的移动安全支付风险评估模型[J].计算机与现代化，2020(11)：117-121.

③ Wei Y., Wu W., Lai G., et al. pISRA: privacy considered information security risk assessment model[J]. The Journal of Supercomputing, 2020, 76(3): 1468-1481.

表 1.2 移动网络用户信息安全风险评估方法

评估方法	优点	缺点
信息安全风险评估模型	利用个人身份信息数据的特点建立了风险评估模型,计算出了风险评估的可能性,从风险发生的频率的角度对隐私安全了评估	仅对现有措施及风险进行了评估和计算
隐私影响评估 PIA	一种系统的方法用于隐私影响评估	仅对残留风险进行了评估,范围较小
Android 平台的用户隐私分析框架	可直接在移动设备上进行一系列的隐私风险评估	仅可依赖于 android 系统使用范围较为狭窄
将信息熵理论用于风险的评估	针对云计算安全风险的评估提出了可行的方案,解决了风险度量的问题	没有针对隐私安全进行具体的分析,而且在评估过程中,加权评估的方式增加了人为因素,使评估结果了带有主观性
基于语义感知的 Android 应用隐私风险评估	将权限的敏感度、API 函数的敏感度、UI 回调函数的出现与否等因素也综合考虑在内,得到了一个更为合理的隐私风险度量结果	提出的隐私风险评估方案是基于静态分析技术对 Android 应用的敏感数据传输路径进行提取,静态分析方法容易受到代码混淆和程序加壳的影响
通过设计风险评估物理模型进行定性评估	引入了时间累积统计法,对历史数据进行累积结算,在不断的使用中积累风险评估结果,迭代提升了评估结果的准确性	在对评估风险度值进行对比的过程中存在一定的主观影响,后续虽进行二次模糊化处理降低影响,但主观影响仍然存在
层次分析法	定量与定性相结合分析,能够利用数量形式来处理人们主观判断,可以	当评价指标过多的时候,各个指标间也会相互影响,部分的数据需要通

续表

评估方法	优点	缺点
	处理多目标、复杂的系统或者难以定量处理的复杂问题	过主观判断获得，要求评估者能力强，主观因素仍然存在
模糊综合分析法	通过精确的数字手段处理模糊的评价对象，能对蕴藏信息呈现模糊性的资料作出比较科学、合理、贴近实际的量化评价	隶属函数确定没有系统的方法，并且存在主观性
故障树分析法	不但可以做定性的而且还可以做定量的分析，不仅可以分析由单一构件所引起的系统故障，也可以分析多个构件不同模式故障而产生的系统故障情况	量化困难，复杂系统的故障树构建困难，并且计算过程比较复杂

第四节 研究内容和创新点

一、研究内容

本书在国内外研究现状及相关理论基础上，按照信息安全风险管理理论的风险管理过程"风险识别—风险评估—风险控制"这一研究思路，首先对移动商务用户信息决策行为机理进行实证研究，通过揭示移动商务环境下用户信息决策行为的决策过程与影响因素，从移动商务用户感知风险的角度来定性地识别、分析用户感知信息安全风险因素。其次，结合国内外学者关于风险因素研究现状，定量地选取风险评价指标，构建移动商务环境下用户信息安全风险评价指标体系。再次，提出移动商务信息安全风险度量和评估方法,并通过案例分析检验本书提出的方法的有效性和实用性。最后,针对风险评估结果,围绕风险因素提出相应的风险管理策略,帮助用户选择风险可控或可接受的移动商务应用,指导改善移动商务信息安全风险环境,从而确保移动商务用户的信息安全。

本书主要研究内容安排如下。

第一章"绪论"。本章对研究的背景进行阐述,在此基础上提出"移动商务信息安全风险评估与管理"研究主题及具体的研究问题,论述研究目的与意义,围绕研究问题对移动网络用户信息决策行为、移动商务信息安全风险因素及隐私风险评估方法等三方面的国内外研究现状进行梳理和综述,在此基础上介绍本书的创新点、研究内容、研究方法与技术路线。

第二章"相关概念及理论基础"。本章提供了本书研究的理论基础,对本书研究的主要概念如移动商务、用户信息、用户信息决策行为进行界定和分析,并对相关理论如隐私计算理论、风险管理理论、信息安全风险评估标准进行概述和总结,为后面章节的研究提供理论支撑。

第三章"移动商务用户信息决策行为机理及移动商务信息安全风险因素"。本章结合隐私计算理论、信息安全风险管理理论、信息安全风险评估标准构建移动商务用户信息决策行为机理理论模型和理论假设条件,通过问卷调查收集样本数据,检验数据的信度和效度,利用结构方程模型对本书提出的理论假设进行实证和检验,并从用户风险感知的角度针对风险因素进行实证分析。本章有关用户感知风险因素的实证结论为第四章移动商务信息安全风险评价体系的构建提供理论支撑。

第四章"移动商务信息安全风险评价体系"。在第三章有关用户感知风险因素定性研究结论基础上,结合文献综述中移动网络用户信息安全风险因素研究现状，本章从技术风险、移动商务平台环境风险、移动商务平台运营管理风险、移动终端风险、用户自身脆弱风险等五个维度构建移动商务信息安全风险评价体系，识别移动商务环境下用户隐私信息决策风险因素和风险评价指标。

第五章"基于模糊综合评价法和 BP 神经网络的移动商务信息安全风险评估方法"。结合国内外学者关于移动网络用户信息安全风险评估方法的研究现状，提出经典的评价方法：基于模糊综合评价法和 BP 神经网络的风险评估方法。依据移动商务平台市场情况，结合检验风险评估方法的代表性案例，针对基于模糊综合评价法和 BP 神经网络的风险评估方法进行实证分析，进一步检验评估方法的可靠性和有效性。

第六章"基于信息熵和马尔可夫的移动商务信息安全风险评估方法"。结合文献综述关于移动网络用户信息安全风险评估方法的研究现状，本书提出定性与定量相结合的安全风险度量和评估方法：基于信息熵和马尔可夫的风险评估方法，重点围绕提出方法的理论依据、设计思路和计算步骤进行阐述，并针对代表性案例进行案例分析，进一步检验评估方法的优势和有效性。

第七章"移动商务信息安全风险管理策略"。在第四、五章有关风险评价结果的基础上，本章对移动商务信息安全风险特点与现状进行梳理和总结，重点围绕风险较高的风险指标提出管理策略，分别从平台技术、平台环境、平台运营管理、移动终端、用户自身以及监管层中的政府、行业等角度提出具体的应对措施。

第八章"研究结论与展望"。本章对本书研究的内容、结论进行概括和总结，梳理出本书研究中存在的局限性，并提出该研究领域未来关注的研究方向。

二、创新点

（1）结合隐私计算理论、风险管理理论、信息安全风险评估标准，构建了移动商务情景下用户信息决策行为机理模型。通过结构方程模型对提出的理论模型及关系假设进行了验证，进一步探索了移动商务用户信息决策行为的内在作用路径和影响因素，并从用户感知角度探讨了移动商务用户信息决策的过程及用户感知风险因素，对于构建移动商务用户信息保护行为理论体系具有一定的理论意义。

（2）构建了移动商务情景下用户信息安全风险评价体系和风险属性模型。在梳理国内外研究文献和移动商务用户信息决策行为内在机理实证分析结果的基础上，本书构建了移动商务信息安全风险评价体系和风险属性模型，对模型进行了信度和效度检验，从技术风险、移动商务平台环境风险、平台运营管理风险、移动终端风险及用户自身脆弱风险等不同层面对移动商务信息安全风险因素进行了系统全面的描述，从新的视角扩充了移动商务情景下用户信息安全风险属性模型。

（3）提出了定性与定量相结合的移动商务信息安全风险评估方法。本书将信息论中的信息熵和数理统计中的马尔科夫链引入移动商务情景下用户信息安全风险评估之中，从跨学科研究的视角提出了一种新的评估方法：基于信息熵和马尔可夫的移动商务信息安全风险评估方法，利用信息熵对用户信息安全风险进行度量，通过马尔科夫矩阵描述更加真实的复杂风险环境，计算出目标风险评估值及各类风险因素的风险熵。同时,通过案例分析，本书将提出的新方法与经典的模糊综合评价法、BP神经网络预测法相结合的风险评估方法进行了对比分析，进一步检验了本书提出的评估方法的有效性和实用性。本书从定性与定量相结合的角度来研究移动商务情景下用户信息安全风险，提供了准确、定量的信息安全风险评估结果，扩充了移动商务环境下用户信息安全风险评估方法体系。

（4）提出了移动商务情景下用户信息安全风险管理策略。根据移动商务信息安全风险评估结果，本书梳理和总结了移动商务用户信息安全风险的特点及现状，有针对性地提出了风险管理策略，围绕风险指标分别从平台技术、平台环境、平台运营管理、移动终端、用户及监管层中的政府、行业等角度提出具体的用户信息保护措施，对移动商务环境下用户信息保护具有一定的实践意义，也为进一步改善移动商务信息安全风险环境提供启示。

第五节 研究技术路线

一、研究方法

在研究过程中，本书采用的研究方法主要包括以下几种。

1. 文献研究法

本书查阅了国内外学者关于移动商务、用户信息、用户信息决策行为、用户信息安全风险及风险评估方法等的研究文献，对研究现状、研究热点进行了梳理和总结，在此基础上提出了本书研究问题和研究内容。文献分析法为第三章移动商务用户信息决策行为机理理论模型及第四章移动商务信息安全风险评价体系构建提供了理论支撑。

2. 实证分析法

以调查问卷的方式深入了解移动商务用户信息决策行为影响因素以及用户感知信息安全风险的影响因素，并利用结构方程模型以问卷调查样本数据为基础来分析移动商务用户信息决策行为内在机理以及影响因素之间存在的关系，充分利用结构方程模型处理不可直接观测的变量。

3. 定性和定量相结合分析方法

本书采用了定性和定量相结合的研究范式，书中提出的基于模糊综合评价法和 BP 神经网络的移动商务信息安全风险评估方法、基于信息熵和马尔科夫链的移动商务信息安全风险评估方法均是从用户或专家感知的角度收集不可直接观测变量的样本数据，通过定量分析方法对风险因素及指标进行权重分析，最终利用 BP 神经网络、马尔科夫链等定量计算方法对移动商务信息安全风险进行评估。

4. 案例分析法

书中以 3 家移动商务平台为研究对象，以事实为依据，利用经典评价方法和书中提出的评估方法分别对移动商务具体案例进行风险评估，分析了移动商务信息安全风险因素以及风险评估结果，并依据评估结果提出有针对性的应对措施和管理对策，从移动商务运营商、经营商、用户、政府、行业等不同层面进一步改善移动商务平台的风险现状，帮助用户选择风险可控的移动商务应用，从而确保用户的隐私信息安全。

二、技术路线

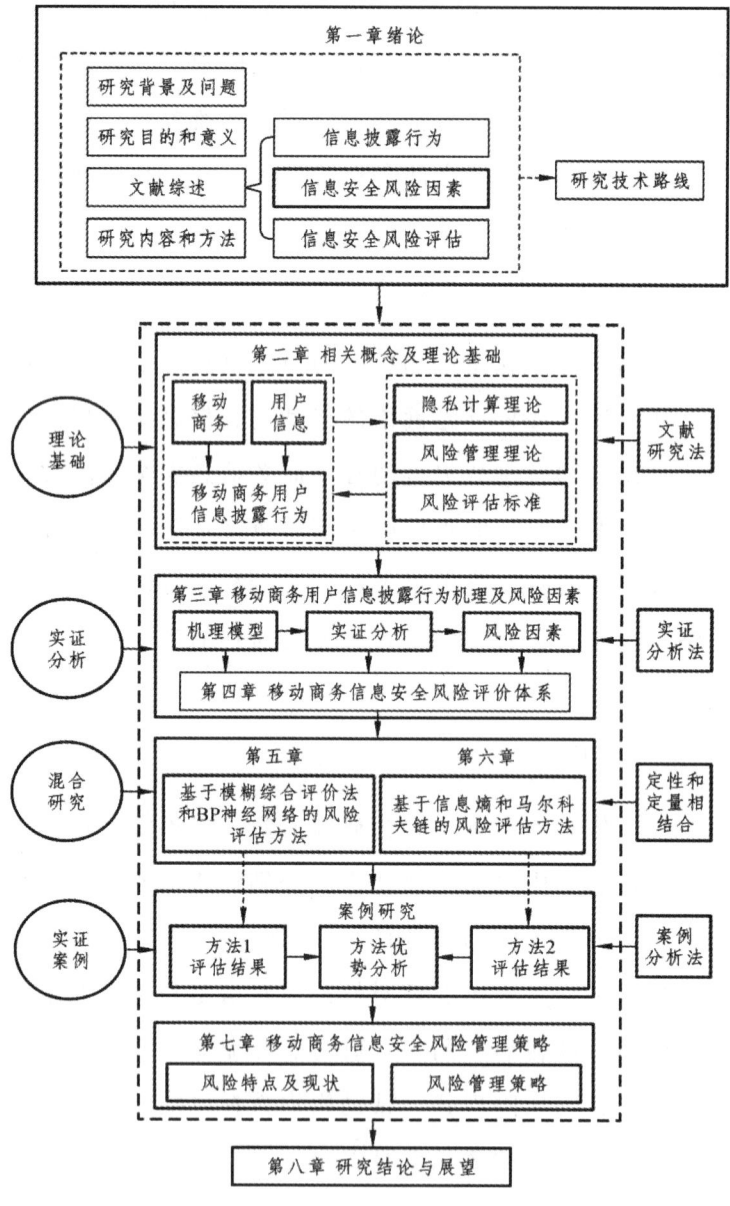

图 1.2 技术路线图

◇ **本章小结** ◇

本章对研究的背景进行阐述,在此基础上提出"移动商务信息安全风险评估与管理"研究主题以及具体的研究问题,论述研究目的与意义,围绕研究问题对移动网络用户信息决策行为、移动商务信息安全风险因素及隐私风险评估方法等三方面对国内外研究现状进行梳理和综述,在此基础上介绍本书的创新点、研究内容、研究方法与技术路线。

第二章

相关概念与理论基础

本章提供了本书研究的理论基础,对研究工作中的主要概念如移动商务、用户信息、用户信息决策行为进行概念界定和内涵分析,并对本书后续章节用到的相关理论如隐私计算理论、风险管理理论、信息安全风险评估标准等进行概述和总结。

第一节 相关概念界定及内涵分析

一、移动商务相关概念

本小节主要介绍了移动商务内涵和移动商务特点,对本书研究的"移动商务"情景进行深入分析,界定移动商务的概念,分析移动商务模式与传统电子商务模式的不同点以及移动商务独有的特点,为后续章节移动商务环境下隐私风险评价指标的选取提供移动商务情景参考。

(一)移动商务的内涵

近几年,人们已经逐渐习惯了通过手机等移动智能终端访问移动互联网,移动商务在此背景下凭借其随时随地随需性、个性化、便携性等优势迅猛发展,逐渐成为大数据时代企业发展或转型的新动向,也逐渐成为网络购物的主要形态。目前,移动商务已提供移动购物、实时交易、金融业务、信息服务、娱乐社交等应用功能,也在逐渐覆盖越来越多的领域。

国内外学者对移动商务的内涵给出了不同的界定。Dan（2001）[①]认为移动商务是对传统电子商务的延伸，是从需要固定场所有线连接到无线网络及移动终端设备支持的电子商务。Mylonopoulos 和 Georgios 等（2003）[②]指出移动商务是一种交互式的系统，由人与组织构成，其实现的基础是无线和移动技术，该系统是在社会经济背景与技术的结合下共同创造出的一种新应用。Dianne 和 Milena 等（2006）[③]认为移动商务是以无线通信和移动智能终端为基础，不受时空限制，通过手机、平板电脑等移动设备来完成的商务活动。秦成德和王汝林（2009）[④]提出移动商务是以移动设备传输数据为基础来开展各类商业服务的新型电子商务模式，可以将其视为电子商务的一个新的分支。艾瑞咨询研究院在 2017 年提出了移动商务的新概念，即移动商务是一种可以通过无线终端设备（智能手机、PAD 等）来操作的电子商务，可以将移动通信、短距离通信等技术结合起来实现无需特定时间、地点的线上商务活动，实现了最大化的自由。

基于上述学者的观点，本书认为移动商务的概念包含四个关键要素：移动智能终端设备、移动通信网络、移动应用平台以及商务活动，本书提出移动商务是指利用移动智能终端通过移动通信网络在移动应用平台开展的移动购物、实时交易、金融业务、

[①] Dan S. The Freedom Economy: Gaining the mCommerce edge in the Era of the Wireless Internet[J]. info，2003，5（3）：73-75.

[②] Mylonopoulos., Georgios I., Guest E. Introduction to the Special Issue: Mobile Business: Technological Pluralism, Social Assimilation, and Growth[J]. International Journal of Electronic Commerce，2003，8（1）：5-22.

[③] Dianne C., Milena H., Alex I. Perceptions of Mobile Device Website Design: Culture, Gender and Age Comparisons[J]. Mobile and Ubiquitous Commerce，2006，（43）：950-963.

[④] 秦成德，王汝林.移动电子商务[M]. 北京：人民邮电出版社，2009.

信息服务、娱乐社交等商务活动。

（二）移动商务的特点

从移动商务的内涵来看，移动商务是在新技术条件与新市场环境下的新电子商务模式。移动商务相较于传统的电子商务具有灵活快捷、简单方便以及潜在的用户规模大、易于推广等优点，当传统的电子商务在有限的范围内使用有线网络进行活动时，移动商务已经突破了地域的限制，可以随时随地进行商务活动、提供个性化及移动服务，这也最大限度地改变了人们的商务模式。因此，与传统电子商务相比，移动商务具有以下特点。

1. 移动性与无处不在性

在移动商务的所有特征中，移动性是表现得最为突出的特征。用户可以在任何时间地点使用移动智能终端和移动通信网络进行商务活动，如通信、购物、转账等，突破了时间与地点的限制，也让用户感受到"自由"和"个性化"的独特商务体验。

2. 开放性与普遍性

移动商务凭借无线接入优势能够吸引更多手机用户进入移动网络平台，从而使网络范围延伸更广阔、更开放。另外，手机拥有量远远超过了计算机，由此来看，移动商务拥有更为广泛的用户基础。截至 2020 年 12 月，我国手机网络购物用户的规模达到了 7.81 亿，较 2018 年底增长 1.9 亿，占手机网民的 79.2%。移动通信所具有的灵活、便捷的特点，决定了移动商务更适合大众化的个人消费。

3. 便捷性与个性化

随着线上线下超市、交通工具、酒店等支持支付宝、微信线上支付方式的出现，通过移动智能终端设备访问应用软件 App 的操作更加便捷，大大提高了消费者的生活和工作效率。同时，智能手机具有比计算机更高的可连通性与可定位性，从而能够更好地为用户进行定制化推荐服务。例如，移动商务可以通过顾客在网络上的购买记录、浏览数据等来获取顾客的喜好，推荐其更具针对性的商品，减少无效浏览时间，进而满足顾客的需求与偏好。移动商务的发展就是要从用户角度出发，理解用户需求、把握用户行为特征、改善用户体验。

4. 可识别性

每一个移动智能终端用户对应身份认证的 SIM 卡或 USIM 卡，从绑定的卡片上存贮的用户个人信息直接映射出用户的真实身份，让用户身份的识别和确认越来越容易。特别是手机号码、微信账号等账户信息，使得身份认证变得越来越简单便捷，在某种程度上减轻了传统电商的信任问题。

5. 定位性

全球定位技术的发展使得用户的位置信息会更容易被识别，企业掌握了相对精确的用户位置信息就可以为用户提供相关的服务，如附近的酒店、景点推荐，附近商店商品打折信息、附近美食推荐等。基于位置服务的 LBS 大力推动了移动商务的发展，促进了移动商务营销模式的创新发展。

6. 社交性

移动商务社交性、互动性的增强，与人们日常生活息息相关，且移动客户端具有很强的市场潜力。人们的社交圈子因为受到生活环境、工作环境及生活压力等方面的影响而逐渐缩小。但人们希望通过使用社交类移动客户端来扩大自己的社交圈或释放压力。因此，人们更多地倾向社交类移动客户端。

7. 易于技术创新性

为了实现复杂化、多元化的商务方式，移动商务领域很容易产生新的技术。随着 5G 技术与智能终端技术的发展，这些新兴技术可以得到更好的利用，进而转化为更好的移动商务产品和服务。

基于上述七大特点，移动商务在日常生活和社会经济各个层面的占比越来越重。与传统电子商务相比，移动商务独有移动性、定位性、个性化等特点，移动商务与传统电子商务在使用过程中有着显著的功能差异，如表 2.1 所示。

表 2.1 移动商务与传统电子商务比较分析

类型	特征项	移动商务	传统电子商务
移动性	用终端移动性	可移动	固定
	位置定位	可精准定位	差
	位置相关服务	有，实时位置服务	无
数据	数据格式	非结构化数据占比大	结构化数据占比大
	数据量	海量	比较大
	处理数据类型	动态、非结构化	静态
服务	服务对象	移动终端网络用户	PC 端网络用户
	服务时间	限制少	限制多
	个性化服务	渠道多，渗透力强	渠道有限
可识别性	用户身份识别	可识别	不可识别
	用户支付识别	可识别	不可识别

二、用户信息的相关概念

本小节首先对国内外学者、机构有关用户信息概念、信息分类的研究现状进行概述,然后聚焦到本书研究对象"移动商务信息安全风险评估与管理"中的核心概念"移动商务信息",阐明本书后续研究中移动商务环境下用户信息的概念与分类。

(一)信息的定义

目前,学术界对信息还没有一个统一的标准定义。在以往研究中,哲学、法学、心理学、社会学等不同社会科学领域都从各自角度对信息进行了解释和定义,很多专家学者也试图综合各学科特点来为信息下一个定义,但至今没有形成一个公认的权威定义,信息已经成为一个具有多学科意义的概念。

Warren 和 Brandeis(1890)[①]在《哈佛法律评论》发表了《论隐私权》,首次提到隐私信息的概念,他们从人格延伸的视角将隐私定义为"独处的权利"或"不受打扰的权利"(Right to be let alone)。随后,诸多学者从不同的学科角度对隐私信息进行了解释和定义。Westin(1967)[②]在《隐私与自由》一文中将隐私信息视为一种状态,论述了隐私信息的四种状态,分别是独处(solitude)、匿名(anonymity)、亲密(intimacy)和保护区(protected section)。Altman(1975)[③]认为隐私信息是一种控制能力,将隐私信息定义为个人对信息选择性地存取和控制的能力。

---

① Warren S., Brandeis L. The right to privacy[J]. Harvard law review, 1890: 193-220.
② Westin A. Privacy and freedom[J]. Washington and Lee Law Review, 1968, 32(2): 321-322.
③ Altman I. The Environment and Social Behavior: Privacy, Personal Space, Territory, and Crowding[J]. Contemporary Sociology, 1978, 7(5): 638.

Margulis（1977）[①]在综合 Westin 和 Altman 的定义基础上提出，隐私权是人们在实际交往中控制各种事务的能力，进一步提高人们的自主性或者减少脆弱性。E.F.Stone 和 L.D.Stone（1990）[②]进一步对隐私信息的定义进行完善，从隐私价值的视角出发，将隐私信息定义为人们对个人信息进行出租、社会交换的数量和状态的确定能力。国内学者周水庚和李丰等（2009）[③]将隐私信息定义为数据所有者不愿意被公开的敏感数据或数据所表征的特性。

从隐私权的角度来看，隐私对个人或组织来说变得越来越重要，对隐私信息的重视和安全保护已成为世界性的趋势。欧盟于 2018 年 5 月 25 日正式实施的《通用数据保护条例》要求企业在用户明确授权或同意的条件下才能对用户数据进行处理，企业应赋予用户"被遗忘权"，即用户可以随时删除或撤回其个人数据。2020 年 1 月 1 日生效的《加利福尼亚消费者隐私法案》旨在加强对消费者的敏感数据和隐私权的保护，如果企业违反该法案将会受到严厉惩罚。我国在 2017 年 6 月出台的《中华人民共和国网络安全法》指出，任何个人和组织不得窃取或者以其他非法方式获取个人信息，未经同意不得向他人提供个人信息。2020 年 5 月 28 日十三届全国人大三次会议表决通过的《中华人民共和国民法典》对个人信息保护做了顶层立法设计，将隐私界定为"自然人的私人生活安宁和不愿为他人知晓的私密空间、私密活动、私密信息"。

[①] Stephen T. Conceptions of Privacy: Current Status and Next Steps[J]. John Wiley & Sons, Ltd（10.1111），1977，33（3）：5-12.
[②] Stone E., Stone D. Privacy in Organizations: Theoretical Issues, Research Findings, and Protection Mechanisms[J]. Research in Personnel and Human Resources Management，1990，8（3）：349-411.
[③] 周水庚，李丰，陶宇飞，肖小奎.面向数据库应用的隐私保护研究综述[J].计算机学报，2009，32（5）：847-861.

综上可见，信息已经成为一个复杂的概念，用户信息的概念和内涵受到多种因素的影响，如时代、文化、技术、观念等，随着时代的发展而不断变化。从社会学角度来看，用户信息是收集、使用和控制个人信息的权利；从哲学角度来看，用户信息是一种有益的价值；从管理学角度来看，用户信息意味着用户有权决定将个人信息传播给他人的时间、程度及方式。在如今的研究中，将用户信息视为一种控制能力得到了普遍的认可，成为用户信息研究的主流。[①]

（三）信息的分类

国内外学者按照不同的标准对信息进行了分类。Banisar 和 Davies（1999）[②]将信息分成 4 类：①基本信息，包括身份证号码、家庭成员、医疗健康信息、银行账号等与个人身份有关的信息；②通信信息，包括电话、电子邮件等在内的与他人交流有关的信息；③空间信息，包括工作地址、家庭住址等与个人所处空间相关的信息；④身体信息，包括体貌特征等与个人身体相关的信息。邱均平和李艳红（2012）[③]认为社交网络用户信息可以分为以下 4 类：①用户分享的信息，包括文本、音频、地理位置等；②用户个人信息，包括出生日期、电子邮箱、教育经历等；③人际关系信息，包括亲朋好友信息等；④数据挖掘信息，包括将用户零碎

---

① 齐荣.用户隐私研究综述[J].软件，2015，36（1）：125-130.
② Banisar D., Davies S. Global trends in privacy protection: An international survey of privacy, data protection, and surveillance laws and developments[J]. J. Marshall J. Computer &Info.L., 1999, 18: 1-111.
③ 邱均平，李艳红.社交网络中用户隐私安全问题探究[J].情报资料工作，2012（6）：34-38.

的信息综合分析整合所得到的用户信息。张宁和赵来娟等（2019）[①]从不同的视角将移动社交网络用户信息分为 4 类：①基本信息，包含身份信息、年龄、住址、联系方式、职业等；②位置和定位信息，包含地理坐标、实时位置等；③轨迹信息，包括访问记录、购买记录等；④社会关系信息，包括信息分享、好友互动等过程中的文字、音频、图片等。王树义和刘赛等（2020）[②]参考国内外法律法规中有关个人可识别信息的界定及新浪微博官方于 2017 年 9 月 15 日更新的《微博个人信息保护政策（修订版）》对个人信息和敏感信息的描述，将网络社交信息分为 11 类，分别是个人基本信息（姓名、生日、出生地、性别、国籍）、个人生活（民族、宗教、性取向、婚姻状况、酗酒、违法记录）、生物识别信息（指纹、虹膜、笔迹、面部特征、纹身）、健康信息（医疗记录、病史、身体状况相关指标）、证照信息（身份证、驾驶证、护照、居住证、社保卡、军官证、工作证、学生证、车辆牌照）、财产信息（银行账号、转账支付记录、房产信息、借贷信息、收据、票根）、通信信息（电话号码、电子邮箱地址、网络系统账号、IP 地址、通讯录、上网记录）、位置信息（精准定位、住址、行踪轨迹、住宿信息、经纬度）、教育/工作信息（教育经历、工作经历、职位、职业、工作单位、培训记录）、关系信息（家庭关系、社交圈、职业圈、集会）。

基于上述学者的观点，关于用户信息，从不同的视角进行分析可以得出不同的认知内容及范围。总体来看，用户信息是个人不愿公开的个人基本信息及其在时空运动过程中产生的相关信息，个人对以上信息享有不被他人任意获取、收集、使用的控制权利。

---

① 张宁，赵来娟，何渊.大数据环境下移动社交网络用户隐私问题研究[J].情报探索，2019（1）：14-17.
② 王树义，刘赛，马峥.基于深度迁移学习的微博图像隐私分类研究[J].数据分析与知识发现，2020，4（10）：80-92.

本书认为，移动商务用户信息可以分为：①用户基本信息，包括登录身份、账号密码、联系方式、个人信用等。②业务数据信息，包括财务信息、购买偏好、位置信息等。③Web 环境隐私信息，包括网站浏览内容、浏览踪迹、消费账单及服务记录等。

（三）移动商务用户信息

随着移动互联网产业和移动通信技术的快速发展，移动商务运营商可以更加便捷地收集、获取和分析用户的个人信息，但对用户信息的保护相对薄弱，从而导致用户越来越为信息安全担忧，也直接影响着用户披露个人信息和使用移动商务的意愿。[①]移动网络用户个人信息保护已成为移动商务领域的研究热点。

网络用户信息是信息概念从传统社会向互联网社会的拓展。国外学者将网络信息视为个人独处的权利，或者沿袭传统定义即控制、收集和使用个人信息的权利。[②]国内学者对网络信息概念的研究可以分为三类：一是从法律的角度来看，网络信息是网上在线资料不被侵入、干扰、窥视、非法收集和利用[③]；二是从管理学角度来看，网络信息是网络用户对个人信息控制和保护的权利[④]；三是从社会学角度来看，网络信息是网络用户隐藏、控制个人信息不被他人共享的权利。[⑤]随着移动商务的发展和移动商务用户

[①] 刘百灵，杨世龙，李延晖.隐私偏好设置与隐私反馈对移动商务用户行为意愿影响及交互作用的实证研究[J].中国管理科学，2018，26（8）：164-178.

[②] Luo X. Trust production and privacy concerns on the Internet[J]. Industrial Marketing Management, 2002, 31（2）: 111-118.

[③] 孟晓明.网络隐私的安全防护策略研究[J].现代图书情报技术，2005（4）：92-95+91.

[④] 蒋骁，仲秋雁，季绍波.网络隐私的概念、研究进展及趋势[J].情报科学，2010，28（2）：305-310.

[⑤] 张军，熊枫.网络隐私保护技术综述[J].计算机应用研究，2005（7）：9-11+28.

对个人信息保护的关注，学者 Nancy 和 Pernille（2010）[①]认为，移动商务用户信息可以概括为两类：一是传统信息，包括姓名、电话号码、网络交易信息、收发信息等；二是移动商务环境下的行为信息，包括网络购买记录、位置信息、个性化偏好服务类型等。

基于以上对信息相关概念的讨论，本书认为移动商务用户信息是指移动商务用户对个人敏感数据以及通过移动智能终端访问移动商务平台产生的时间、空间过程信息的控制、收集和使用的权利。本书将移动商务情景下的用户信息化分为两个层面：一是私密性信息，即移动商务用户只想独自享用、不愿意向移动服务商或企业公开、披露的敏感性比较高的个人信息；二是可以合理利用的信息，即移动商务用户为了追求移动服务商提供的个性化精准服务而愿意在被明确告知信息使用的方式和范围的情况下向移动服务商或企业公开、披露的个人信息。

三、用户信息决策行为

本书研究的移动商务用户信息决策行为是建立在移动商务信息或数据基础之上的决策行为，是移动商务用户通过信息分析后运用价值准则作出的是否进行信息披露的决定行为，重点在于用户信息披露的决策过程。在学术界，"信息披露"出现在两个不同的研究领域：一是研究个人信息的自我披露，如 Wang 和 Duong 等（2016）[②]结合隐私计算理论研究了移动 App 用户披露

[①] Nancy J., Pernille W. Profiling the mobile customer – Privacy concerns when behavioural advertisers target mobile phones – Part I[J]. Computer Law and Security Review: The International Journal of Technology and Practice, 2010, 26（5）: 455-478.

[②] Wang T., Duong T., Chen C. Intention to disclose personal information via mobile applications: a privacy calculus perspective [J]. International journal of information management, 2016, 36（4）: 531-542.

个人信息的意愿,梁晓丹和李颖灏等(2018)①研究了在线隐私政策对用户披露个人信息意愿的影响机制。二是研究企业信息的公开披露,如 Nor 和 Bahari 等(2016)②认为企业高质量的会计信息披露可以引起良好的社会效应,Shane-Simpson 和 Manago 等(2018)③研究了社交网络环境下社会资本和自我披露之间的关系,刘翠(2017)④研究了企业财务绩效与信息披露水平的相关性。

本书关注的是移动商务用户信息披露行为,所以决策信息定义中的用户信息披露行为属于个人信息的自我披露。Posey 和 Lowry 等(2010)⑤研究了移动社交用户的自我披露,将其界定为网络用户在注册或使用移动社交应用时公开个人照片、位置、爱好等信息的行为。相薨薨等(2018)⑥⑦认为用户信息披露行为是

---

① 梁晓丹,李颖灏,刘芳.在线隐私政策对消费者提供个人信息意愿的影响机制研究——信息敏感度的调节作用[J].管理评论,2018,30(11):97-107+151.

② Nor N., Bahari N., Adnan N., et al. The effects of environmental disclosure on financial performance in malaysia[J]. Procedia economics and finance,2016(35):117-126.

③ Shane-Simpson C., Manago A., Gaggi N., et al. Why do college students prefer Facebook, Twitter, or Instagram? Site affordances, tensions between privacy and self-expression, and implications for social capital[J]. Computers in human behavior,2018(86):276-288.

④ 刘翠.协同效应视角下企业财务绩效与碳信息披露水平的相关性研究——基于河南省上市公司数据的实证研究[J].价值工程,2017,36(29):17-22.

⑤ Posey C., Lowry P., Roberts L., et al. Proposing the online community self-disclosure model:the case of working professionals in France and the U.K. who use online communities[J]. European journal of information systems,2010,19(2):181-195.

⑥ 相薨薨.移动电子商务消费者隐私信息披露行为及风险研究[D].吉林大学,2018.

⑦ 相薨薨,王晰巍,王楠阿雪,杨师郁.移动支付中消费者个人隐私信息披露影响因素研究[J].情报理论与实践,2017,40(9):8-13.

指用户主动将个人信息提供给企业或者允许企业按照约定方式、范围和程度收集、使用其个人隐私信息的行为。另外，根据《移动互联网应用程序信息服务管理规定》要求，移动 App 运营商在收集、使用网络用户个人信息前必须经过用户本人同意或授权，而且要向用户明示信息使用的范围、目的和方式。

综上所述，本书研究的移动商务用户信息决策行为具有两个特征：一是移动商务环境中的用户个体行为，行为主体为移动商务用户；二是用户个人有目的性的自愿行为，用户在披露个人信息时是为了达到满足其个性化需求或提升其使用体验的目的。本书将移动商务用户信息决策行为定义为移动商务用户为了满足其个性化需求或提升其使用体验，通过移动商务平台自愿地授权或同意移动商务运营商按照约定范围、方式和程度获取其个人信息的自我披露行为。

第二节　隐私计算理论

Culnan 和 Armstrong（1999）[1]提出了隐私计算理论，在社会交换理论基础上从经济学角度解释了用户的隐私信息披露决策过程，认为在用户的个人隐私信息被合法地使用且不会导致不良后果的情况下，用户愿意披露个人的隐私信息来获取社会或经济方面的收益。对于同时存在风险和收益的现实情景，隐私计算理论从用户感知收益和感知风险的权衡角度来研究用户的隐私信息

---

[1] Culnan M., Armstrong P. Information privacy concerns, procedural fairness, and impersonal trust: An empirical investigation[J]. Organization science, 1999, 10（1）: 104-115.

披露行为。收益是指用户所能感受到的披露行为可能为自己带来的利益与回报，风险是指隐私信息不恰当使用或不法行为的存在导致信息披露行为造成的各类损失。①用户在披露隐私信息的决策过程中会优先估算风险成本，并将其与预期的收益进行权衡。如果预期收益大于风险，用户将淡化对隐私和信息安全的关注，那么用户就会选择披露个人隐私信息，反之则不会披露个人隐私信息。

隐私计算理论探讨了用户在面临个人隐私决策问题时的态度和行为，其既考虑了影响行为意图的积极因素（收益），又考虑了消极因素（风险）。该理论揭示了消费者隐私信息披露的内在原因，用以分析用户的隐私披露行为，成为研究隐私披露的基本理论。②Xu 和 Teo 等（2008）③利用隐私计算理论研究了用户披露个人隐私信息的行为意向，认为用户在披露个人隐私信息的决策过程中面临的感知收益与感知风险影响了用户的隐私信息披露行为。彭丽徽和李贺等（2018）④基于隐私计算理论探究 App 及社交媒体用户的自我表露和倦怠行为。Norman 和 Ksenia（2019）⑤结

---

① Xu H., Dinev T., Smith J., et al.Examining the Formation of Individual's Privacy Concerns：Toward an Integrative View[C], International Conference on Information Systems. Berkeley：Bepress, 2008（6）：1-16.

② Miriam J.Effects of Site, Vendor, and Consumer Characteristics on Web Site Trust and Disclosure[J].Communication Research, 2006, 33（3）：155-179.

③ Xu H., Teo H., Bernard C., et al. The Role of Push-Pull Technology in Privacy Calculus： The Case of Location-Based Services[J]. Journal of Management Information Systems，2009, 26（3）：135-173.

④ 彭丽徽，李贺，张艳丰，洪闯.用户隐私安全对移动社交媒体倦怠行为的影响因素研究——基于隐私计算理论的 CAC 研究范式[J].情报科学，2018, 36（9）：96-102.

⑤ Norman S., Ksenia S. The non-monetary benefits of mobile commerce：Extending UTAUT2 with perceived value[J]. International Journal of Information Management，2019（45）：44-55.

合隐私计算理论使用扩展的技术接受模型实证分析了电子商务用户的使用意愿，认为当感知收益大于感知风险时将产生感知价值，感知价值会增强用户的使用意愿。Anabel 和 Simon 等（2019）[①]采用隐私计算理论来探索基于位置的移动广告（mobile location-based advertising，MLBA）平台上的隐私披露意愿，通过评估披露信息可能带来的利益与信息披露风险来做出基于隐私的决策，研究了影响用户接受 MLBA 的具体风险和收益，结果证实侵入性是移动用户面临的最重要风险因素。Mohsen 和 Emmanuel 等（2020）[②]基于隐私计算理论阐释了移动社交时代的隐私担忧和收益，分析了社交隐私担忧对长期使用社交媒体应用程序用户的影响，研究发现喜欢这些应用程序功能的用户更有可能表达社交隐私担忧。另外，隐私计算理论在分析用户隐私信息披露行为的基础上，也在一定程度上解释了计划行为理论无法解释的隐私悖论现象，即用户隐私信息披露意愿较低，却在实际行为上更高程度地披露个人信息。

在移动商务环境中，移动商务用户披露个人信息的风险表现为用户披露个人信息后可能面临的个人信息被不当使用和收集、泄露、买卖等，收益则表现为移动商务用户通过披露个人信息所能享用到的个性化服务、折扣优惠等。对于风险和收益来讲，移动商务运营商会提供明确、已知、量化的个性化服务或折扣优惠等来吸引用户披露个人隐私信息，但一般不会详细罗列、告知用

---

① Anabel G., Simon R., Yogesh K. Dwivedi, Tatiana C. Using privacy calculus theory to explore entrepreneurial directions in mobile location-based advertising: Identifying intrusiveness as the critical risk factor[J]. Computers in Human Behavior, 2019（95）: 295-306.

② Mohsen J., Emmanuel A., Myung K., Kim-Kwang R. Privacy concerns and benefits of engagement with social media-enabled apps: A privacy calculus perspective[J]. Computers in Human Behavior, 2020（107）: 106-260.

户所面临的已知、量化的风险。而移动商务环境是比较复杂的，移动商务用户面临的风险往往是来源于多方面的，有的来源于安全性不足的移动商务平台环境风险或不够完善的平台运营管理风险，有的风险是由平台或移动终端设备采用的技术引起的，有的风险甚至是移动商务用户自身信息保护意识不强或避险经验不足造成的。由此可见，风险是经典的隐私计算理论中主要组成构成部分，是难以把控和量化的，移动商务环境中运用隐私计算理论进行收益和风险计算时，主要也是对风险范围和成本进行计算。鉴于此，本书基于隐私计算理论从用户感知风险的视角来研究移动商务用户信息决策行为及移动商务信息安全风险因素。

第三节　风险管理相关理论

本节详细阐述了风险管理基本理论和信息安全风险管理基本理论，重点介绍了风险管理过程。信息安全风险管理理论的"风险识别—分析评估—风险控制"风险管理过程为本书提供了研究思路，并由此设计了本书整篇的研究结构。

一、风险管理基本理论

风险管理是指管理者将某系统（或环境）当中必然存在的风险降至最低的管理过程。风险伴随人类历史发展的各个阶段，但直到 20 世纪中期，风险管理才开始被学术界重视并加以系统研究。

现代企业风险管理（ERM）现行框架延续了"风险识别—风

险评估—风险应对"的逻辑，凭借经验数据对未来风险发生的可能性进行预测和评估，依据评估结果采取有针对性的管控策略，该框架对大多数风险管理活动是有效的。[①]2004年，COSO委员会在《企业风险管理——整体框架》中将内部控制分为八个要素：内部环境、目标设定、事项识别、风险评估、风险应对、控制活动、监督、信息与沟通。2017年，COSO根据市场变化的需求，对2004年的ERM进行了修订，提出了全面风险管理的过程和实施要点。在国内方面，《风险管理 术语》（GB/T23694—2013）将风险管理界定为指导和控制组织风险的协调活动。

风险管理目的是提前预测潜在风险并将风险危害程度降至最低，为了达到风险管理目的就需要提前采取科学、有效的方法识别、评价潜在的风险，以便有针对性地采取及时、有效的风险管控措施，来帮助企业或个人最大限度地降低风险引起的损失。由此可见，科学的风险管理过程主要包括风险识别、分析评估、风险管控等，风险管理是一个过程[②]，如图2.1所示。由图可见，风险的识别和评估是风险管理的基础，根据风险评价结果采取风险管控，消除"不可接受"的风险，从而降低整体风险。

[①] 吕文栋，赵杨，田丹，韦远.风险管理理论的创新——从企业风险管理到弹性风险管理[J].科学决策，2017（9）：1-24.
[②] 王正德，杨世松.信息安全管理论[M].北京：军事科学出版社，2009.

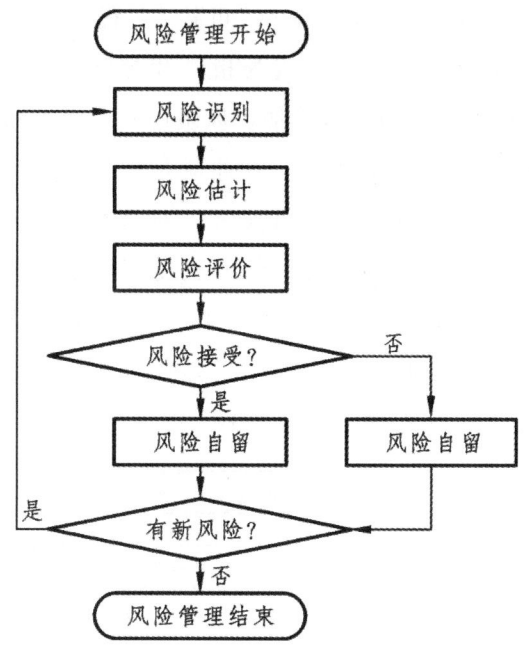

图 2.1　风险管理流程图

二、信息安全风险管理基本理论

　　信息系统的安全风险已经成为人们面临的一个重要安全难题，结合信息安全问题的特点，人们从技术、管理、人员及法律法规等方面提出了诸多应对措施对其综合治理，力求有效地管控信息安全风险。

　　国际标准组织（International Organization for Standardization, ISO）在 2005 年提出了国际标准 ISO27000 系列，逐步丰富了信息安全风险管理的完整体系。该标准以控制为导向，首先需要明确风险评估的范围，然后进行风险评估，最后依据风险评估结果制订风险管控方案,将风险降至"可接受"程度。①ISO17799(2005)标准将信息安全风险管理界定为指导和控制组织风险的协同活动,将风险管理过程规范为风险评估、风险应对、风险承受和风险沟通。

总体来看,信息安全风险管理就是识别各类信息安全风险因素,评价风险因素可能造成的损失,对潜在风险进行管控,将风险损失降至最低。由此可见,信安安全风险管理是一个长期的、循环的再管理过程。②信息安全风险管理将风险管理理论和信息安全风险要素结合起来进行研究,是风险识别、风险评估、风险管控和风险消除的管理过程(如图 2.2 所示)。

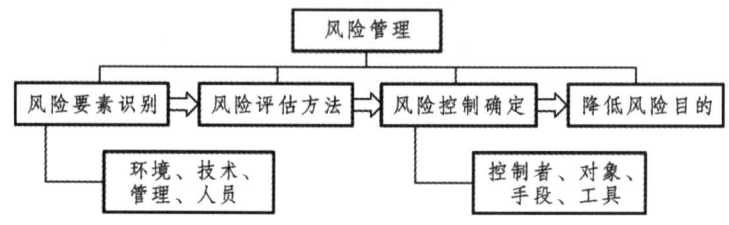

图 2.2 信息安全风险管理过程结构图

参照图 2.2 所示的风险管理过程,针对本书"移动商务信息安全风险评估与管理"这一研究主题,首先,从"风险识别"的角度出发,对移动商务用户信息决策风险因素进行分类识别,拟从技术、环境、管理、人员等维度来划分移动商务信息安全风险对应的要素。其次,从"风险评估"的角度出发,坚持科学性原则对风险因素进行评价:一是选取具有一定的代表性、全面性与稳定性的风险评价指标,构建具有一定普遍适用性和实用价值的

---

① Agrawal V. A Framework for the Information Classification in ISO 27005 Standard[C]. IEEE, 2017: 264-269.
② 李志伟. 信息系统风险评估及风险管理对策研究[D]. 北京交通大学, 2010.

移动商务信息安全风险评价体系;二是针对移动商务环境下用户信息安全风险的综合性特征,提出可行的风险评估方法,针对风险评价体系对移动商务用户信息安全风险进行评估。最后,从"风险控制"的角度出发,根据移动商务信息评估结果提出风险管控策略,构建可行、有效的风险管理实施方案,在移动商务环境中加强风险管控,达到控制移动商务信息安全风险的目的。

第四节　信息安全风险评估标准

信息安全风险评估是从风险管理角度,运用科学的手段和方法,系统地分析网络与信息系统面临的威胁及其存在的脆弱性,评估潜在风险可能造成的危害程度[1],并提出有针对性的防护对策和整改措施。自20世纪80年代以来,各个国家相继制定了信息安全评估标准。评估标准是评估的依据和指南,没有标准作为依据的风险评估是没有任何意义的。本书通过对文献系统性的回顾,对国内外公认的信息安全风险评估标准进行了梳理,系统地对现有的信息安全风险评估标准进行总结概述。表2.2总结出信息安全评估标准中的年份、主要内容、评价体系等信息。

---

[1] 吴世忠,江常青,彭勇.信息安全保障基础[M].北京:航空工业出版社,2009.

表 2.2 信息安全风险评估标准

标准	年份	提出者	主要内容	服务对象	评价体系
可信计算机系统评估准则（TCSEC）	1985	美国国防部	对访问控制、访问追踪、用户登录、授权管理、可信通道建立、安全检测等内容提出了规范性的要求	军用信息技术安全方面	将计算机系统的安全划分为4类，每个类下面又分为多个级别
信息技术安全性评估准则（ITSEC）	1991	欧洲标准化委员会	将安全概念分为功能和评估两部分；提出了信息安全的保密性、完整性和可用性等属性	军队、政府和商业部分	功能准则分为10级，评估准则分为6级
可信计算机产品评估准则（CTCPEC）	1993	加拿大	将安全分为功能性要求和保证性要求两部分	政府	功能性要求分为保密性、完整性、可用性、可控性四大类；各类按程度不同又分为5级
信息技术安全联邦准则（FC）	1992	美国	在TCSEC标准基础上引入"保护轮廓"概念，每个保护轮廓都包括功能部分、开发保证部分和评测部分	企业和政府	融合TCSEC和CTCPEC的评价体系

续表

标准	年份	提出者	主要内容	服务对象	评价体系
信息技术安全性评估通用准则（ISO/IEC）15408—1999，	1999	北美和欧盟	内容分为三部分：评估模型、安全功能要求、安全保证要求	侧重系统和产品安全技术方面的技术标准。	功能集合分类为部件、族和类，安全评价保证级别分为7个级别
信息安全管理标准（BS7799）	1995	英国标准协会	为组织建立并实施信息安全管理体系提供一个指导性的准则，详细说明了建立、实施和维护信息安全管理系统的要求	信息系统安全管理体系，侧重于系统和产品的技术指标的评估	信息安全管理标准层次体系共分为四层内容：十个管理要项、36个管理目标、127个控制措施、500条以上安全管理细则
信息技术-信息安全管理实施细则 ISO/IEC17799—2000	2000	国际标准化组织	风险评估的主要步骤包括资产识别、威胁识别、脆弱性识别、已有控制措施确认、风险计算等过程	信息系统安全管理，侧重安全指导性原则	首次给出了信息安全的保密性、完整性、可用性、审计性、认证性、可靠性个方面的含义，并提出了以风险为核心的安全模型

续表

标准	年份	提出者	主要内容	服务对象	评价体系
信息技术—IT安全管理指导方针（ISO/IEC 13335）	2001	国际标准化组织	安全管理中的主要部件包括风险、防护措施、资产、威胁、影响、脆弱性和剩余风险；主要的安全管理过程包括风险管理、风险评估、安全意识等	IT安全管理，侧重评价过程	提出了以风险为核心的安全模型，阐述了信息安全评估的思路
信息安全技术-信息安全风险评估规范（GB/T 20984—2007）	2007	中国信息安全标准化技术委员会	风险评估的定义、风险评估模型及风险评估实施过程	信息系统	风险管理框架及流程（信息安全风险评估的方法、工具介绍和实施案例）

由表 2.2 可以看出，上述各类评估标准针对的内容、对象和评价体系均有所不同，有的标准强调具体的安全技术，有的强调风险管理，有的只定义某一方面的安全等级，有的则强调国际通用的规范和认证。因此，在 IT 系统和网络信息安全评价方面没有统一的评价方法，各种方法都有其独特的优点，也都存在一定的制约因素，但无论选取哪种评价过程和评估方法，首先都需要对系统环境、软硬件等方面的安全隐患进行全面分析，然后选取合适的评估方法进行计算和评估，最终得到评价方案和评估结果。本书后续章节将针对信息安全的实际评估需求来计算风险，并研究适合于实际评估需求的评估模型和计算方法。

GB/T 20984—2007 在风险评估过程中识别出存在的威胁和

脆弱性，对风险的来源进行了分类汇总。在威胁方面，该标准从资源、威胁主体、动机、途径等不同属性来具体描述对信息系统进行直接或间接的攻击，损害系统的完整性、可用性及保密性，并按其表现形式将威胁进行分类，如表 2.3 表所示。在脆弱性方面，该标准将脆弱性从物理、网络、系统、应用等技术性层面进行识别，如表 2.4 所示。

表 2.3 威胁分类

种类	描述	威胁子类
软硬件故障	系统本身或软件缺陷、故障等问题	系统软件、应用软件、数据库软件、传输设备、存储媒体、设备硬件等方面的故障
物理环境影响	对信息系统正常运行构成威胁的物理问题和自然灾害	电磁干扰、潮湿、断电、静电、灰尘、地震、洪灾、火灾等
无作为或操作失误	应该执行而未执行相应的操作，或无意地执行了错误操作	操作失误、维护错误
管理不到位	安全管理无法落实	管理制度不完善、职责不明确、监督控管机制不健全、管理规范缺失等
恶意代码和病毒	故意执行的恶意程序代码	间谍软件、病毒、陷门、蠕虫等
越权或滥用	越权访问资源，或滥用职权破坏信息系统的行为	非授权访问网络资源、非授权访问系统资源、滥用权限泄露秘密信息等

续表

种类	描述	威胁子类
网络攻击	利用工具和技术通过网络攻击和入侵信息系统	漏洞探测、用户或业务数据的窃取和破坏、用户身份伪造和欺骗等
物理攻击	物理因素对硬件、软件、数据的破坏	物理破坏、盗窃等
泄密	信息泄露	外部信息泄露、内部信息泄露
篡改	非法修改信息,破坏信息的完整性	安全配置信息、篡改系统配置信息、用户身份信息、网络配置信息等
抵赖	不承认所作的收发、交易的信息	接收抵赖、原发抵赖及第三方抵赖

表 2.4 脆弱性分类

类型	识别对象	识别内容
技术脆弱性	物理环境	机房供配电、防静电、防火、接地与防雷、电磁防护、区域防护、通信线路的保护、设备管理等
	网络结构	内部访问控制策略、网络结构设计、边界保护、外部访问控制策略、网络设备安全配置等
	系统软件	访问控制、口令策略、资源共享、事件审计、物理保护、注册表加固、网络安全、系统管理等
	应用中间件	数据完整性、交易完整性、协议安全等

续表

类型	识别对象	识别内容
	应用系统	数据完整性、审计存储、访问控制策略、鉴别机制、密码保护等
管理脆弱性	技术管理	访问控制、通信与操作管理、物理和环境安全、系统开发与维护等
	组织管理	组织安全、安全策略、资产分类与控制等

综上所述，本节首先梳理了国内外的信息安全风险评估标准，介绍了国内外标准的发展历程及标准的内涵，并从主要内容、服务对象、评价指标体系等多个维度对各个标准进行了对比分析。然后，针对国内信息安全评估标准，重点围绕《信息安全技术信息安全风险评估规范》（GB/T 20984—2007）进行了详细介绍，根据威胁分类表和脆弱性分类表识别出信息系统存在的威胁和脆弱性，为后续章节移动商务用户信息决策风险因素及风险评价指标的选取提供参考。

◇ 本章小结 ◇

本章利用文献研究法对移动商务的内涵、特点及其与传统电子商务的差别进行了介绍，对用户信息的定义和分类进行了阐述，并对移动商务用户信息和移动商务用户信息决策行为进行了概念界定。同时，对隐私计算理论、风险管理理论、信息安全风险评估标准等与本书研究问题息息相关的理论进行了梳理和介绍，为移动商务用户信息决策行为机理模型的构建及移动商务信息安全风险的识别和评价奠定理论基础。

第三章

用户信息决策行为机理及风险因素

  本章为了更加真实、有效地识别移动商务用户信息决策风险因素，将通过研究移动商务环境下用户信息决策行为决策过程，探究移动商务用户信息决策行为内在机理和检验影响用户披露个人信息的感知风险因素。本章首先结合移动商务环境下用户披露个人信息的现实情景，阐述识别风险过程中研究移动商务用户信息决策行为机理的必要性，意图通过对整个行为机理模型的检验来识别真实、有效的用户感知风险因素。其次，从隐私计算理论"感知风险"和"感知收益"权衡的视角构建移动商务用户信息决策行为机理模型，参照相关文献、风险管理理论风险识别范围（环境、技术、管理、人员）、信息安全风险评估规范提出理论假设条件。再次，通过问卷调查收集样本数据，检验数据的信度和效度，利用结构方程模型对本书提出的理论假设进行实证和检验，重点从移动商务用户风险感知的角度对风险因素进行实证分析。最后，从用户风险偏好设置的视角来探讨不同的风险偏好设置对用户信息决策行为的影响机理。

第一节　研究必要性分析

  在移动互联和大数据的时代，移动商务凭借其便捷性、移动性、个性化等特点获得了巨大的用户市场，在不同的大众领域为移动商务用户提供了各式各样的精准服务，逐渐成为网络购物的主要形态。移动商务平台通过收集用户消费记录、服务类型使用偏好、位置信息、购买经历等隐私信息，通过数据挖掘来精准定位客户群，为用户提供精准的个性化产品和服务，提升用户使用体验来维系老客户、吸引新客户，从而获得更多的客户资源，占有更多的市场份额。移动商务平台享用到用户信息资源带来的红利后，开始想方设法来收集、挖掘用户的个人信息，以便获得更大的商业收益。移动商务用户对移动商务应用使用体验的要求越来越高，更加看重消费、娱乐等移动商务过程中获得的精准化、个性化产品和服务。为了追求这种个性化产品或服务，越来越多的用户开始主动披露或允许移动商务平台获取、使用、分析其个人信息。由此可见，用户信息披露本是移动商务平台和用户追求"互利共赢"局面的不二选择。然而，在移动商务平台实际运营过程中，移动商务用户披露的个人信息面临诸多风险：一方面，移动商务平台为了追求商业利益，越来越重视用户信息资源的价值，出现了移动商务平台过度收集甚至非法收集用户信息的现象，如支付信息窃取、后台软件窃听；另一方面，移动商务平台会因为运营管理不善、技术漏洞等原因导致用户信息泄露、被滥用。这给移动商务用户构成了人身、财产等方面的安全威胁。由此，用户在使用移动商务平台时面临"两难局面"：若披露个人信息，则存在个人信息泄露、滥用等风险；若不披露个人信息，则很难享用到精准化、个性化的产品和服务。

移动商务用户面临上述两难局面，反映出用户对信息安全的担忧，这也是用户对个人信息保护越来越敏感的原因，也进一步影响着用户披露个人信息与使用移动商务平台的意愿。在移动商务环境中，用户在决策是否披露个人信息时，大多数首先会做的是分析两难局面中存在的利害关系，即从个人感知角度来感知披露个人信息带来的"利"——精准化、个性化产品和服务以及优惠券、折扣等，感知披露个人信息导致的"害"——个人信息泄露、滥用等风险。然后会对"利"和"害"进行直观权衡。当披露个人信息带来的"利"大于"害"时，用户披露个人信息的意愿会比较强，反之意愿则会比较弱。

基于上述分析可知，单方面研究用户感知风险因素的意义不大，在用户个人信息披露的决策过程中来研究对用户感知风险和个人信息披露意愿有直接关系的风险因素才更具意义。那么，要想弄清楚用户披露个人信息的决策过程以及决策行为受到哪些风险因素影响，首先要研究移动商务用户信息决策行为的内在机理变得非常必要。鉴于此，本章将研究移动商务环境下用户信息决策行为过程中的决策行为内在机理，并实证检验用户感知风险的影响因素。

第二节 用户信息决策行为机理研究

一、研究视角分析

由上文分析可知，移动商务用户是否披露个人信息的决策过程符合隐私计算理论观点：在用户的个人信息被合法地使用且不会导致不良后果的情况下，用户愿意披露个人信息来获取社会或经济方面的收益；当同时存在风险和收益的现实情景时，将从收益与风险的认知权衡角度来研究用户的信息决策行为。本书将结合隐私计算理论从感知收益和感知风险权衡的角度来研究移动商务用户个人信息决策行为，构建用户个人信息决策行为机理模型。对移动商务环境的收益和风险来讲，移动商务运营商会提供明确、已知、可量化的个性化产品和服务以及折扣优惠等来吸引用户披露个人信息，但一般不会详细罗列、告知用户所面临的已知、可量化的风险。而移动商务环境是比较复杂的，移动商务用户面临的往往来源于多方面，有的风险来源于安全性不足的移动商务平台环境或不够完善的平台运营管理，有的风险是由平台或移动终端采用的技术漏洞引起的，有的风险甚至是移动商务用户自身隐私意识不强或避险经验不足造成的。由此可见，移动商务环境中运用隐私计算理论进行收益和风险计算时主要也是对风险范围和成本进行计算，用户信息决策风险是构建模型中主要组成部分，而且是难以把控和量化的。

鉴于此，本节参照风险管理理论中的风险识别范围（环境、技术、管理、人员）和信息安全风险评估规范（威胁风类别、脆弱性分类表），并结合文献综述中移动网络用户信息决策风险因素研究现状，探索感知风险的影响因素，并将风险影响因素分为技术风险、移动商务平台环境风险、移动商务平台运营管理风险、用户自身脆弱风险以及移动终端风险。

二、影响因素及关系假设

1. 技术风险与移动商务用户感知风险

吴先锋和樊吉宏（2010）[①]结合技术接受模型研究了移动支付使用行为的影响因素，认为消费者在使用移动支付过程中的感知风险影响因素包括感知技术风险，即在移动支付使用过程中出现的黑客袭击、数据传输失败、信号不稳定等风险。段世霞和袁姗花（2017）[②]实证研究了微信支付使用意愿的影响因素，研究发现感知技术风险、感知操作风险等7个维度风险能够充分解释微信

[①] 吴先锋，樊吉宏.基于感知风险的移动支付使用行为实证研究[J].统计与决策，2010（20）：145-148.

[②] 段世霞，袁姗花.微信支付消费者使用意愿影响因素实证分析——基于UTAUT和SEM理论[J].企业经济，2017，36（6）：29-36.

支付消费者感知风险的内容。王侃（2009）[1]根据 Dempster-Shafer 合成公式、模糊综合评价来对移动商务交易过程中面临的风险进行评估，对影响移动商务交易安全的因素进行了归纳总结，其中阐述了网络访问控制、网络应用协议、防火墙、身份认证、数据加密等技术方面带来的威胁。Farid 和 Amna（2017）[2]以移动商务中的社区云为研究对象，指出移动商务平台存在技术风险，风险因素包括数据加密、入侵检测、身份管理、安全感知、隐私协议、隐私原则、隐私实践和数据库利用等方面的技术漏洞。Yosef 和 Qusay（2017）[3]分析了网络物理系统（CPS）体系结构的各个层次的安全问题，总结出要降低风险需要注意相关技术方面的影响，即认证、访问控制、数据加密、环境监控、安全路由协议、网络访问控制、攻击检测机制、用户认证和授权等。张秋瑾（2015）[4]采取模糊集、信息熵理论等理论对云计算隐私安全风险评估时重点分析了数据加密、访问控制、身份验证、数据隔离、网络监控、数据销毁/删除、虚拟化漏洞等方面的技术威胁。刘洪波（2016）[5]将技术风险因素引入技术接受模型（TAM）来实证研究网络金融使用意愿影响因素。

本书参考的国内外学者提出的在技术风险方面对感知风险有影响的若干种因素，可以概括为数据传输及存储的安全性、网

---

[1] 王侃. 基于证据理论的移动商务交易风险评估与控制决策研究[D]. 华中科技大学，2009.
[2] Farid S., Amna I. Community clouds within M-commerce: a privacy by design perspective[J]. Journal of Cloud Computing，2017，6（1）：22-33.
[3] Yosef A., Qusay H. Cyber physical systems security: Analysis, challenges and solutions[J]. Computers & Security，2017，68：81-97.
[4] 张秋瑾. 云计算隐私安全风险评估[D]. 云南大学，2015.
[5] 刘洪波. 网络金融使用意愿影响因素实证研究[J]. 金融理论与实践，2016（7）：33-38.

络身份的确认与信息使用授权三个方面。首先，数据的传输及存储的安全性对移动商务用户信息的披露来说是最基础的前提，用户在决定是否披露个人信息时，首先考虑的是自己的个人信息能否在传输及存储这一过程中得到安全保障，以确保自己的信息不会遭到泄露或窃取，确认受侵犯的风险较低后才有可能进行其他因素的考虑。其次，网络身份的确认确保了访问储存用户信息的数据库有且只有移动商务平台运营商，这在很大程度上保障了用户的个人信息安全，防止被他人轻易窃取和使用数据。最后，信息使用授权是服务商能够使用用户信息进行个性化服务的大前提，这一前提是经过用户考量风险后得到的。由此可见，技术方面风险影响用户对于披露个人信息的感知风险。基于上述文献的研究现状，本章提出以下假设：

H_1：技术风险正向影响移动商务用户的感知风险。

2. 移动商务平台环境风险与移动商务用户感知风险

郭鹏等（2017）[①]利用社会资本理论和动机理论研究了社会化电子商务网站消费者购买意愿，认为高信任的虚拟网络平台环境可以减少不确定因素和降低消费者的感知风险。Zhu 和 Carol 等（2016）[②]、Mark 和 Alexander（2015）[③]认为位置信息在移动商务中极为敏感，位置信息的暴露将有可能造成移动商务中信息滥

---

① 郭鹏，曹薇.Pinterest 模式下社会化电子商务网站消费者购买意愿实证分析[J].商业经济研究，2017（1）：58-60.

② Zhu H., Carol X., W. H., et al. Privacy calculus and its utility for personalization services in e-commerce: An analysis of consumer decision-making[J]. Information & Management, 2016, 54（4）: 427-437.

③ Mark F., Alexander B. Do privacy concerns matter for Millennials? Results from an empirical analysis of Location-Based Services adoption in Germany[J]. Computers in Human Behavior, 2015（53）: 344-353.

用的风险。Verena 和 Eva 等（2018）[①]认为在移动商务中的广告存在对用户信息的侵入性，可能会强行获取用户的位置信息等。Anabel 和 Simon 等（2019）[②]提到部分移动商务应用在启用前会强行要求用户接受部分隐私权限，并且在使用过程中用户对于是否共享自身信息没有自主权。朱光和丰米宁等（2016）[③]根据层次分析法（AHP）、熵值法得出平台环境风险包括隐私安全设置烦琐、软硬件缺陷、通信协议漏洞、物理环境风险四个方面。朱义杰（2016）[④]根据模糊综合评价得出位置方面的平台环境风险包括社交软件发布位置信息泄露、定位设备泄露、位置服务 App 泄露。

  本书参考的国内外学者提出的平台环境风险方面对感知风险有影响的若干种因素，可以概括为用户位置信息、交易访问合法性、数据的机密性及完整性、隐私法律差异、第三方广告。首先，用户位置信息是用户信息中最基础的一类，直接关系到用户对披露风险的感知。想用户在使用移动商务应用时可选择向运营商披露位置信息来获得个性化的服务，但如果在使用过程中存在泄露用户个人位置信息的风险，那么用户的披露意愿将降低。其次，交易访问的合法性涉及到用户敏感信息，若存在泄露的风险，

[①] Verena W., Eva R., Edith G. The privacy trade-off for mobile app downloads: The roles of app value, intrusiveness, and privacy concerns[J]. Decision Support Systems, 2018（106）: 44-52.

[②] Anabel G., Simon R., Yogesh K. Dwivedi, Tatiana C. Using privacy calculus theory to explore entrepreneurial directions in mobile location-based advertising: Identifying intrusiveness as the critical risk factor[J]. Computers in Human Behavior, 2019（95）: 295-306.

[③] 朱光, 丰米宁, 陈叶, 杨嘉韵. 大数据环境下社交网络隐私风险的模糊评估研究[J]. 情报科学, 2016, 34（9）: 94-98.

[④] 朱义杰. 基于位置服务中的隐私泄露风险分析与评估[D]. 贵州大学, 2016.

将会使用户的信息披露意愿下降，同时用户对于自己信息安全的担忧会增加，即感知风险增大。最后，数据的机密性及完整性直接与用户的利益相关联，如果用户数据的机密性及完整性存在风险的话，就会引起用户的感知风险增大。另外，不同地区的用户信息保护的法律法规要求就会有出入，数据存储、传输过程中容易出现漏洞，会增加用户的感知风险；第三方广告在移动商务平台通过诱导点击等手段来收集用户的信息，也会导致用户感知风险的增加。基于上述文献的研究，本章提出以下假设：

H_2：移动商务平台环境风险正向影响移动商务用户的感知风险。

3. 移动商务平台运营管理风险与移动商务用户感知风险

田波和郑羽莎等（2018）[①]认为移动 App 在管理方面存在的信息安全风险包括法律或制度硬性要求、隐私信息披露标准不完善、监管与惩戒体系缺乏、内部人员恶意泄露等。相薆薆和王晰巍等（2018）[②]结合信息安全评估规范 GB-T20984-2007 和移动商务消费者消费行为特点，在其风险评价体系中引入了隐私管理机制、平台隐私保护投入、信息共享风险、第三方信息搜集，隐私法律差异等相关因素。张秋瑾（2015）[③]采取模糊集、信息熵等理论验证的云计算平台管理风险包括管理风险类的审查支持、网络监控、访问控制、操作失误、内部人员等九个小类。

本书参考国内外学者提出的平台运营管理风险方面对感知

[①] 田波, 郑羽莎, 刘鹏远, 李春好.移动 APP 用户隐私信息泄露风险评价指标及实证研究[J].图书情报工作, 2018, 62（19）: 101-110.

[②] 相薆薆, 王晰巍, 贾若男, 王雷.移动商务中消费者个人隐私信息披露风险评价体系[J].图书情报工作, 2018, 62（18）: 34-44.

[③] 张秋瑾.云计算隐私安全风险评估[D].云南大学, 2015.

风险有影响的若干种因素，可以概括为第三方获取位置信息、平台隐私保护投入、信息行为疏忽、默许信息收集。首先，内部人员在日常运营操作中可能会出现审查失误以致用户的信息意外泄露，或平台内部监管力度不足导致内部人员主动泄露用户信息非法牟利的情况，在进行数据备份时出现问题导致用户的信息丢失或泄露，同时也有可能出现内部人员将用户信息主动进行泄露的情况。另外，若平台未对用户的个人位置信息进行有效保护，可能会使用户位置信息轻易被第三方获取，导致用户信息泄露；平台未对第三方投放的广告进行审核甄别或信息管理机制不完善均会对用户个人信息构成威胁；若平台与第三方基于用户个人信息达成某种利益关系，则会导致用户个人信息被泄露甚至被滥用。上述几个因素将使用户的感知风险增大，从而引起信息披露意愿降低。基于上述文献的研究现状，本章提出以下假设：

H_3：移动商务平台运营管理风险正向影响移动商务用户感知风险。

4. 用户自身脆弱风险与移动商务用户感知风险

Ampong 和 Mensah 等（2018）[①]提到在隐私意识、隐私关注点和隐私入侵经历是影响用户隐私披露的重要因素。朱光和丰米宁等（2016）[②]根据层次分析法（AHP）、熵值法得出用户自身因素为隐私关联设置、空间位置共享、信息行为疏忽、密码设置简单四个方面。邝青青（2016）[③]采用博弈论方法和关联分析方法针

---

① Ampong G., Mensah A., A. S. Y., et al., Examining Self-Disclosure on Social Networking Sites: A Flow Theory and Privacy Perspective[J]. Behavioral sciences, 2018, 8（6）：58-75.

② 朱光, 丰米宁, 陈叶, 杨嘉韵. 大数据环境下社交网络隐私风险的模糊评估研究[J]. 情报科学, 2016, 34（9）：94-98.

③ 邝青青. 基于个人隐私泄露的风险评估[D]. 贵州大学, 2016.

对移动社交软件隐私风险问题进行了研究,发现用户自身因素为错误操作泄露、社交软件关联使用泄露、个人网络设备泄露、网络使用习惯泄露四个方面。

本书参考的国内外学者提出的在用户自身脆弱风险方面对感知风险有影响的若干种因素,可以概括为信息入侵防范、信息共享风险、密码安全度、错误操作泄露、网络使用习惯泄露。首先,用户的错误操作及网络使用习惯较差会导致用户的信息在预料之外泄露,这将引起用户的感知风险增大。其次,用户在使用移动商务应用时不可避免地要关联个人信息,此时若存在关联信息泄露的风险将会引起用户的感知风险增大。再次,用户的密码设置过于简单可能造成账号被盗用,导致用户的个人信息发生泄露。最后,用户信息保护意识和防范信息入侵的经验不足也会导致用户个人信息受到威胁。基于上述文献的研究现状,本章提出以下假设:

H_4:用户自身脆弱风险正向影响移动商务用户感知风险。

5. 移动终端风险与移动商务用户感知风险

要提高移动商务用户信息安全性,在移动终端还需要采取对应的措施,Nan 和 Yang 等(2017)[1]认为应对终端设备风险需采取的措施为敏感数据保护。Li 和 Wang 等(2017)[2]认为应对终端设备风险需采取的措施为污点追踪。Tan 和 Xue 等(2018)[3]认为

---

[1] Nan Y., Yang Z., Yang M., et al. Identifying User-Input Privacy in Mobile Applications at a Large Scale[J]. IEEE Trans. Information Forensics and Security, 2017, 12(3): 647-661.

[2] Li H., Wang B., Zhang W., et al. X-Decaf: Detection of Cache File Leaks in Android Social Apps[J]. JOURNAL OF ELECTRONICS & INFORMATION TECHNOLOGY, 2017(39)(1): 66-74.

[3] Tan Y., Xue Y., Liang C., Jun Z., et al. A root privilege management scheme with revocable authorization for Android devices[J]. Journal of Network and Computer Applications, 2018, 107(1): 69-82.

应对终端设备风险需采取的措施为权限管理。Ruiz-Heras 和 García-Teodoro 等（2017）[①]认为应对终端设备风险需获取的措施为恶意事件监测。朱义杰（2016）[②]通过模糊综合评价得出移动终端设备风险包括基于位置服务 App 泄露，骗取服务器的信任方式泄露，攻击服务器身份认证机制泄露，装监听设备物理层监听、MAC 层监听协议分析泄露，泛化等保护机制漏洞和窃取方式泄露等。邝青青（2016）[③]通过关联分析方法、博弈论方法梳理得出移动终端设备风险包括社交软件关联使用泄露、网络移动智能设备泄露、用户的错误操作泄露、网络使用习惯泄露。

本书参考国内外学者提出的在移动终端风险方面对感知风险有影响的若干种因素，可以概括为数据防护、软件权限控制、风险提醒。首先，若平台移动 APP 存在安全漏洞或移动终端被恶意软件污染，会对用户的个人信息造成泄露的风险。其次，若在用户未给予平台移动 APP 信息使用权限的情况下，该应用仍能访问移动终端数据，会对用户信息造成风险。最后，若移动商务 App 未设置提醒风险环境和恶意事件的功能，用户在使用移动商务应用时容易忽略平台风险，引起的不当操作对用户信息的安全构成威胁。基于上述文献的研究现状，本章提出以下假设：

H_5：移动终端风险正向影响移动商务用户感知风险。

6. 感知风险、感知收益与隐私信息披露意愿

根据隐私计算理论，移动商务情景下用户披露个人信息时均

---

① Ruiz-Heras A., García-Teodoro P., Sánchez-Casado L. ADroid: anomaly-based detection of malicious events in Android platforms [J]. International Journal of Information Security, 2017, 16 (4): 371-384.
② 朱义杰. 基于位置服务中的隐私泄露风险分析与评估 [D]. 贵州大学, 2016.
③ 邝青青. 基于个人隐私泄露的风险评估 [D]. 贵州大学, 2016.

会对感知风险与感知收益进行权衡，其中作为消极因素的感知风险和作为积极因素的感知收益都会对用户披露个人信息的意愿产生影响。当用户感知收益大于或等于感知风险时，用户会比较愿意进行信息披露。隐私计算理论既考虑了促进信息披露的正向因素，也关注了用户对于风险感知所表现出来的隐私忧虑。Wang 和 Duong 等（2016）[①]研究了消费者通过移动应用程序披露个人信息的意愿问题，实证结果表明感知收益正向影响消费者披露个人信息的意愿，感知风险会对消费者披露个人信息的意愿产生负面影响。Wang 和 Wu（2014）[②]等通过实证研究证明，服务提供商在主动采取保护消费者隐私措施的过程是提高用户隐私信息披露意愿的最佳时机。陈昊和李文立等（2016）[③]提出，隐私得不到保护会负向影响移动用户持续使用该服务。综上，本章提出以下假设：

H_6：移动商务用户的感知风险负向影响隐私信息披露意愿。

H_7：移动商务用户的感知收益正向影响隐私信息披露意愿。

7. 信息披露意愿与信息披露行为

计划行为理论（TPB）认为在执行行为的机会、资源和个人能力等实际的控制条件得到满足时，用户的行为意向便可以直接决定用户的行为。郭宇和段其姗等（2018）[④]通过对移动学习用户信

---

① Wang T., Duong T., Chen C. Intention to disclose personal information via mobile applications: a privacy calculus perspective [J]. International journal of information management, 2016, 36 (4): 531-542.

② Wang S., Wu J. Proactive privacy practices in transition: Toward ubiquitous services[J]. North-Holland, 2014, 51 (1): 93-103.

③ 陈昊，李文立，柯育龙.社交媒体持续使用研究：以情感响应为中介[J].管理评论，2016，28（9）：61-71.

④ 郭宇，段其姗，王晰巍.移动学习用户隐私信息披露行为实证研究[J].现代情报，2018，38（4）：98-105+117.

息披露行为的实证研究表明，信息披露意愿对信息披露行为有正向影响。由此可见，用户的披露意愿对于用户的披露行为有决定性的作用。在移动应用的使用中，移动服务商对用户隐私信息的获取是精准提供服务的前提，也是让用户获得更佳使用体验的前提，只有在用户披露意愿偏向于愉悦时，移动服务商才有更大的机会获取用户的个人信息。综上所述，用户的信息披露意愿影响用户的信息披露行为。本章提出以下假设：

H_8：移动商务用户的披露意愿正向影响信息披露行为。

三、用户信息决策行为机理模型

参照文献综述中移动网络用户信息安全风险因素研究现状，本章总结有关参考文献，并梳理出符合移动商务用户信息决策风险的影响因素，结合隐私计算理论提出移动商务用户信息决策行为影响因素关系假设，见表3.1。

表3.1 移动商务用户信息决策行为影响因素关系假设

假设	关系
H_1	技术风险正向影响移动商务用户的感知风险
H_2	移动商务平台环境风险正向影响移动商务用户的感知风险
H_3	移动商务平台运营管理风险正向影响移动商务用户感知风险
H_4	用户自身脆弱风险正向影响移动商务用户感知风险
H_5	移动终端风险正向影响移动商务用户感知风险
H_6	移动商务用户的感知风险负向影响隐私信息披露意愿
H_7	移动商务用户的感知收益正向影响隐私信息披露意愿

续表

假设	关系
H_8	移动商务用户的信息披露意愿正向影响信息披露行为

根据表 3.1 中关于移动商务用户隐私信息决策行为影响因素关系假设,可以构建移动商务用户信息决策行为机理模型,如图 3.1 所示。

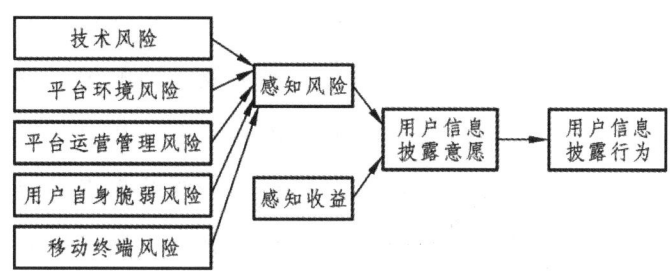

图 3.1　移动商务用户信息决策行为机理模型

第三节　量表设计与数据收集

在上一节提出的移动商务用户信息决策行为的内在机理及关系假设的基础上,本节将进一步对实证研究进行设计,主要包括量表开发、问卷设计、样本数据收集等内容,为本章理论模型和关系假设的检验做好充分的数据准备工作。

一、量表设计

(一)初始量表设计

用量表工具对本章提出的概念模型中的潜变量进行测量是

本章研究的重要基础环节。本节内容将运用归纳法和演绎法，根据上文由理论引申的分析结果和参考文献总结内容制作适合本书移动商务情境的初始量表。

1. 方法选择

在与管理学相关的实证研究中，较为常用的变量测试方法有两种：问卷调查法与实验法。问卷调查法是通过向被调查者发放问卷，直接或间接地以文字描述的形式收集数据资料，并利用统计学方法对所收集到的样本进行分析，从而实现从理论到现实的验证研究方法。实验法则是通过对所涉及的影响因素进行严格控制，测量与检验不同变量间相互的因果关系，在研究中通过设置实验组与对照组，根据每组实验得出的不同结果来确定各个变量间的相互关系，之后再进一步进行跟组测试，通过控制实验特定的变量来验证分析相互间的作用关系。这两种方法是在不同特征下实现同一研究目的的。一般来说，实验法在运用过程所受的影响因素较多，对于有效控制这一要点的把控难度较大。综上，采用问卷调查法能够更加简单快速地收集到目标数据。对于方法的选择，基于本书的研究内容与特征，本书研究人员结合实际需要，最终选择了问卷调查法。

2. 量表开发

为了进一步进行描述性、因果性研究，本章将采用量表作为测量工具。[①]为保证内容效度，本章设计的量表中涉及的测量题项来自两方面：一是借鉴国内外相关文献中已经形成的较为成熟的

---

① 许正良.管理研究方法[M].长春：吉林大学出版社，2004.

量表,结合我们的研究进行修改,最后形成本章研究的测量题项;二是根据前期所收集的资料自行开发,对移动商务用户进行调研了解,并进行概念价值提炼,最终形成量表中的测量题项。综合利用上述两种方法来构建各变量所对应的测量题项,使之与前文分析结果中的变量维度相匹配,可以保证本书研究内容的连续性、过程的科学性的。

1) 风险因素初始量表开发

移动商务信息决策风险主要包括技术风险、平台环境风险、平台运营管理风险、用户自身脆弱风险和移动终端风险五个变量。研究小组根据前期准备资料自行开发量表,如表 3.2 所示。

表 3.2 移动商务用户信息决策风险量表

变量	变量维度	测量要点	题项	参考文献
技术风险（TR）	数据传输及存储的安全性	数据加密技术	TR1：平台对我们的个人信息加密保护不当（例如在我们的日常生活中和外卖员进行通话时,电话号码没有进行虚拟）,导致出现个人信息泄露风险	王侃[1],Farid 等[2],刘雅辉等[3]
		网络入侵检测技术	TR2：我听说某平台被黑客入侵过,我继续使用此平	寒诗婕等[4]

---

[1] 王侃. 基于证据理论的移动商务交易风险评估与控制决策研究[D].华中科技大学,2009.

[2] Farid S., Amna I. Community clouds within M-commerce: a privacy by design perspective[J]. Journal of Cloud Computing, 2017, 6（1）: 22-33.

[3] 刘雅辉,张铁赢,靳小龙,程学旗.大数据时代的个人隐私保护[J].计算机研究与发展,2015,52（1）: 229-247.

[4] 寒诗婕,卢志刚,杜丹,姜波,刘宝旭.网络入侵检测技术综述[J].信息安全学报,2020,5（4）: 96-122.

续表

变量	变量维度	测量要点	题项	参考文献
			台会导致我的个人信息被泄露	
	网络身份的确认	身份认证技术	TR3：用户通过移动设备或不同移动终端设备进行访问平台，平台的密码、验证码、指纹、人脸识别等认证举措不多，导致我因身份被冒充而泄露隐私	汪定等[①]，张富友等[②]
		访问控制技术	TR4：平台没有针对用户的访问权限进行分级处理，不同级别的用户都能获得相同的平台信息，导致我的个人信息存在泄露风险	李艳[③]
	隐私使用授权	匿名化术	TR5：平台没有对用户数据进行匿名化处理（例如在一些平台发布评论，或其他东西时没有匿名发布选项），我的个人信息存在泄露风险	刘湘雯等[④]
		轨迹信息隐藏技术	TR6：平台没有对用户信息进行隐藏处理（例如访问记录，播放记录等信息没有隐藏），存在信息泄露的风险	张秋

① 汪定，黄欣沂，沈超，李舟军.智能移动身份认证专题前言[J].计算机科学，2020，47（11）：3-4.
② 张富友，王琼霄，宋利.基于生物特征识别的统一身份认证系统研究[J].信息网络安全，2019（9）：86-90.
③ 基于数据挖掘算法的移动电子商务群体用户访问控制模型[J].现代电子技术，2020，43（4）：153-156.
④ 刘湘雯，王良民.数据发布匿名技术进展[J].江苏大学学报（自然科学版），2016，37（5）：562-571.

续表

变量	变量维度	测量要点	题项	参考文献
				瑾[1]，胡兆玮等[2]
		数据共享技术	TR7：平台共享协议存在缺陷，未经我的允许，把我的个人数据非法共享给第三方平台，致使我的信息泄露	盛小平等[3]
		安全路由协议	TR8：现有的信息传输方法存在缺陷，会导致我的个人信息受到被泄露的威胁	Yosef等[4]，罗宇杰等[5]
		污点追踪技术	TR9：平台没有对非法用户传播的数据进行隔离，合法用户使用时没有警示信息，导致我的信息存在泄露风险。	贲永明等[6]
		异常检测技术	TR10：平台没有对用户提示当前操作风险，导致我的个人信息存在泄露风险	卓琳等[7]

---

[1] 张秋瑾.云计算隐私安全风险评估[D].云南大学，2015.
[2] 胡兆玮，杨静.轨迹隐私保护技术研究进展分析[J].计算机科学，2016，43（4）：16-23.
[3] 盛小平，田婧，向桂林.科学数据开放共享中的数据质量治理研究[J].图书情报工作，2020，64（22）：11-24.
[4] Yosef A.,Qusay H. Cyber physical systems security: Analysis, challenges and solutions[J].Computers & Security，2017，68：81-97.
[5] 罗宇杰，张健，唐彰国，李焕洲.低功耗有损网络安全路由协议研究综述[J].计算机应用，2018，38（12）：3462-3470.
[6] 贲永明，韩言妮，安伟，徐震.一种基于污点追踪的系统审计日志压缩方法[J].信息安全学报，2020，5（5）：30-42.
[7] 卓琳，赵厚宇，詹思延.异常检测方法及其应用综述[J].计算机应用研究，2020，37（S1）：9-15.

续表

变量	变量维度	测量要点	题项	参考文献
平台环境风险（PER）	数据的机密性	数据共享交换	PER1：平台之间进行数据共享时，第三方平台滥用我的隐私信息（广告推送、推销短信等），导致个人信息泄露	朱光等[①]，曹曼曼等[②]，王利明[③]
	数据的完整性	协议兼容	PER2：移动通信过程中存在信息传输方式的缺陷，导致我披露的个人信息被在线篡改、窃听和伪造	代新敏等[④]，邓斌等[⑤]
	交易访问合法性	管理制度硬性规定	PER3：平台强制实名（姓名、手机号、身份证等），进而平台轻易收集到我的敏感数据，存在个人信息被滥用的风险	徐晓日等[⑥]
	信息保护法律差异	隐私法律多元化	PER4：在隐私法律制度相对薄弱的国家和地区，我提供给平台的信息数据存在被泄露的风险	Wang等[⑦]，

---

① 朱光，丰米宁，陈叶，杨嘉韵.大数据环境下社交网络隐私风险的模糊评估研究[J].情报科学，2016，34（9）：94-98.

② 曹曼曼，汪勉.大规模无线传感器网络异构数据交换方法仿真[J].计算机仿真，2019，36（5）：345-348.

③ 王利明.数据共享与个人信息保护[J].现代法学，2019，41（1）：45-57.

④ 代新敏，谢晓尧.一种抗去同步的轻量级 RFID 双向认证协议[J].山东大学学报（理学版），2019，54（5）：52-60.

⑤ 邓斌，石志东，房卫东，吴伊蒙，单联海.无线传感器网络安全多径路由协议研究[J].计算机应用与软件，2016，33（11）：263-268.

⑥ 徐晓日，刘旭妍.论网络实名制下的个人数据保护[J].电子政务，2019（7）：56-66.

⑦ Wang S., Wu J. Proactive privacy practices in transition:Toward ubiquitous services[J].North-Holland，2014，51（1）：93-103.

续表

变量	变量维度	测量要点	题项	参考文献
				党玺[①]
	第三方广告	移动广告攻击	PER5：平台强制或诱导我点击移动广告，窃取我的个人信息，导致信息泄露	Verena 等[②]
	用户位置信息	定位服务	PER6：平台基于位置的服务过度收集或滥用我的位置信息，给我的个人信息带来泄露的风险	Zhu 等[③]，Mark 等[④]
平台运营管理风险（PMR）	第三方获取位置信息	位置信息监控	PMR1：平台未对用户的个人位置信息进行合理的权限管理，致使第三方轻易获取用户信息进行商业活动（基于地理位置的广告推送等），给我的个人信息带来风险	李延舜 等[⑤]

---

① 欧洲与美国隐私保护法律冲突的解决路径[J].中国社会科学院研究生院学报，2015（1）：85-89.

② Verena W., Eva R., Edith G. The privacy trade-off for mobile app downloads:The roles of app value, intrusiveness, and privacy concerns[J]. Decision Support Systems, 2018, 106: 44-52.

③ Zhu H., Carol X., W.H., et al. Privacy calculus and its utility for personalization services in e-commerce: An analysis of consumer decision-making[J]. Information & Management, 2016, 54（4）: 427-437.

④ Mark F., Alexander B. Do privacy concerns matter for Millennials? Results from an empirical analysis of Location-Based Services adoption in Germany[J]. Computers in Human Behavior, 2015, 53: 344-353.

⑤ 李延舜.位置何以成为隐私？——大数据时代位置信息的法律保护[J/OL].法律科学（西北政法大学学报），2021（2）：1-12.

续表

变量	变量维度	测量要点	题项	参考文献
	平台隐私保护投入	移动广告审查	PMR2：平台未对投放的移动广告进行审核甄别，导致恶意广告对我的个人信息构成威胁	王持恒等[①]
		隐私管理机制	PMR3：平台隐私管理机制不完善，导致我的个人信息被泄露	相甍甍等[②]
	信息行为疏忽	监管与惩戒体系	PMR4：平台内部监管措施不到位，对泄露用户隐私行为的惩罚追责力度不够，会导致平台泄露我的信息	相甍甍等，田波等[③]
		内部人员威胁	PMR5：平台对内部人员管理不善，致使内部人员会因非法利益诱惑或操作不当而泄露或滥用我的隐私信息，给我的个人信息带来风险	相甍甍等，田波等
	默许信息收集	第三方信息收集	PMR6：平台因利益交换默许第三方（如微信小程序）收集我的信息，会导致我的信息被滥用甚至泄露	相甍甍等，田波等

[①] 王持恒，陈晶，苏涵，何琨，杜瑞颖.基于宿主权限的移动广告漏洞攻击技术[J].软件学报，2018，29（5）：1392-1409.

[②] 相甍甍，王晰巍，贾若男，王雷.移动商务中消费者个人隐私信息披露风险评价体系[J].图书情报工作，2018，62（18）：34-44.

[③] 田波，郑羽莎，刘鹏远，李春好.移动APP用户隐私信息泄露风险评价指标及实证研究[J].图书情报工作，2018，62（19）：101-110.

续表

变量	变量维度	测量要点	题项	参考文献
用户自身脆弱风险（UVR）	隐私管理机制	隐私意识	UVR1：我在使用移动商务平台时，隐私保护意识不足、安全意识不强，存在个人信息泄露的风险	相甍甍等，Ampong等[1]
		隐私入侵经验	UVR2：我没有被入侵的相关经历，缺乏风险认知，在平台上随意披露个人信息，导致我面临信息泄露的风险	邝青青[2]，相甍甍等，潘平[3]
	信息共享风险	隐私关联设置	UVR3：我会为了方便，在不同的平台使用或授权同一账号信息（微信、QQ等）进行登录，导致关联平台的个人信息面临被泄露的风险	朱光等[4]，相甍甍等
	简单密码设置	简单密码设置	UVR4：我会为了方便记忆而设置较为简单或有规律的密码，容易导致密码被破解，个人信息被盗用	朱光等，相甍甍等
	错误操作泄露	污点数据识别	UVR5：我因为安装高风险插件、登录恶意网站后，忽视了潜在的风险，导致个人信息被窃取	朱光等，任玉柱等[5]

---

[1] Ampong G.,Mensah A.,A. S. Y.,et al.,Examining Self-Disclosure on Social Networking Sites:A Flow Theory and Privacy Perspective[J]. Behavioral sciences，2018，8（6）：58-75.

[2] 邝青青.基于个人隐私泄露的风险评估[D].贵州大学，2016.

[3] 潘平，毛新月，周惠玲，黄亮.基于博弈论的信息安全风险管理信念研究[J].数学的实践与认识，2018，48（13）：120-131.

[4] 朱光，丰米宁，陈叶，杨嘉韵.大数据环境下社交网络隐私风险的模糊评估研究[J].情报科学，2016，34（9）：94-98.

[5] 任玉柱，张有为，艾成炜.污点分析技术研究综述[J].计算机应用，2019，39（8）：2302-2309.

续表

变量	变量维度	测量要点	题项	参考文献
	网络使用习惯泄露	权限设置	UVR6：我会为了使用平台的某些个性化功能，向平台提供过多的权限（例如位置、通讯录、相机），导致个人信息泄露	朱光等，邝青青
移动终端风险（MTR）	数据防护	敏感数据保护	MTR1：平台移动App存在安全漏洞，并且移动终端没有相关安全设置，对我的个人信息造成泄露风险	邝青青，Nan等[1]，周彦伟等[2]
		污点数据控制	MTR2：我的移动终端被恶意软件污染后，对个人信息造成泄露风险	朱义杰[3]，Li等[4]，胡英杰等[5]
	软件权限控制	权限控制	MTR3：平台移动App在未开启权限的情况下仍能访	Tan等[6]，吴敬征等[7]

[1] Nan Y., Yang Z., Yang M., et al. Identifying User-Input Privacy in Mobile Applications at a Large Scale[J]. IEEE Trans. Information Forensics and Security, 2017, 12（3）: 647-661.

[2] 周彦伟，杨波，张文政.普适计算环境下的安全访问模型[J].电子学报, 2017, 45（4）: 959-965.

[3] 朱义杰.基于位置服务中的隐私泄露风险分析与评估[D].贵州大学, 2016.

[4] Li H., Wang B., Zhang W., et al. X-Decaf: Detection of Cache File Leaks in Android Social Apps[J].JOURNAL OF ELECTRONICS & INFORMATION TECHNOLOGY, 2017, 39（1）: 66-74.

[5] 胡英杰，张琳琳，赵楷，方文波，于媛尔.基于静态污点分析的Android隐私泄露检测方法研究[J].信息安全学报, 2020, 5（5）: 144-151.

[6] Tan Y., Xue Y., Liang C., Jun Z., et al. A root privilege management scheme with revocable authorization for Android devices[J]. Journal of Network and Computer Applications, 2018, 107（1）: 69-82.

[7] 吴敬征，武延军，罗天悦，武志飞，杨牧天，王永吉.一种基于权限控制机制的Android系统隐蔽信道限制方法[J].中国科学院大学学报, 2015, 32（5）: 667-675.

续表

变量	变量维度	测量要点	题项	参考文献
			问数据，对我的个人信息造成风险	
风险提醒	恶意事件提醒		MTR4：平台移动 App 没有提醒风险环境和恶意事件的功能（转账时非常用设备提醒，高风险访问终端提出警示信息），对我的个人信息造成泄露风险	邝青青，Ruiz-Heras 等[1]，王丽娜等[2]

现对上述量表的开发过程描述如下：根据前文中的分析结果，技术风险包括数据传输及存储的安全性、网络身份的确认和隐私使用授权三个维度。其中数据传输及储存的安全性包括数据加密技术、网络入侵检测技术两个方面，网络身份的确认包括身份认证技术和访问控制技术，而隐私使用授权包括匿名化技术、轨迹信息隐藏技术、数据共享技术、安全路由协议、污点追踪技术、异常检测技术等方面，由此形成了技术风险的十个测量要点。每一个要点对应一个测量题项，共形成了技术风险变量的 10 个测量题项（见表 TR1-TR10 题项）。平台环境风险一共分为六个维度，其中数据的机密性对应测量要点中的数据共享交换，数据的完整性对应协议兼容，交易访问合法性对应管理制度硬性规定，

---

[1] Ruiz-Heras A., García-Teodoro P., Sánchez-Casado L. ADroid: anomaly-based detection of malicious events in Android platforms [J]. International Journal of Information Security，2017，16（4）：371-384.

[2] 王丽娜，谈诚，余荣威，尹正光.针对数据泄漏行为的恶意软件检测[J].计算机研究与发展，2017，54（7）：1537-1548.

信息保护法律差异对应信息保护法律多元化，第三方广告对应移动广告攻击，用户位置信息对应定位服务，每一个要点对应一个测量题项，共形成了平台环境风险的6个测量题项（见表 PER1-PER6 题项）。平台运营管理风险包括第三方获取位置信息、平台隐私保护投入、信息行为疏忽、默许信息收集四个维度。其中，第三方获取位置信息对应要点中的位置信息监控，平台隐私保护投入主要包括移动广告审查和信息管理机制，信息行为疏忽包括监管与惩戒体系和内部人员威胁，默许信息收集对应第三方信息收集，每一个要点对应一个测量题项，共形成了平台运营管理风险的6个测量题项（见表 PMR1-PMR6 题项）。用户自身脆弱风险包括隐私入侵防范、信息共享风险、密码安全度、错误操作泄露、网络使用习惯泄露五个维度，其中隐私入侵防范包括隐私意识与隐私入侵设置两方面，信息共享风险对应隐私关联设置，密码安全度对应简单密码设置，错误操作泄露包括污点数据识别，网络使用习惯泄露包括权限设置这一测量要点，每一个要点对应一个测量题项，共形成了用户自身脆弱风险的6个测量题项（见表 UVR1-UVR6 题项）。移动终端风险共有三个变量维度，分别是数据防护、软件权限控制、风险提醒，其中数据防护包括敏感数据保护和污点数据控制，软件权限控制对应测量题项中的权限控制，风险提醒对应测量要点中的恶意事件提醒，每一个要点对应一个测量题项，共形成了移动终端风险的4个测量题项（见表 MTR1-MTR4 题项）。

2）用户感知量表开发

根据隐私计算理论，将移动商务用户内心感知分为感知风险与感知收益。用户在进行信息披露时均会在感知风险与感知收益之间进行权衡。因此，结合现有成熟的测量题项，对感知风险与感知收益均设置为三级不同强度的测量题项，具体测量题项如表 3.3 所示。

表 3.3 用户感知量表

变量	题项
感知风险 PR	PR1：移动商务平台收集与使用我的个人信息可能会对我的个人信息构成威胁
	PR2：移动商务平台可能会在未经我同意的情况下向第三方出售或共享我的个人信息
	PR3：移动商务平台可能会将我的个人信息用于约定服务范围以外的用途
感知收益 PB	PB1：移动商务平台会根据我的购买记录、地理位置等个人信息向我推荐最优方案与服务
	PB2：将个人信息披露给移动商务平台能够为我提供折扣商品或服务
	PB3：将个人信息披露给移动商务平台能够为我提供个性化服务，进一步提升我的使用体验

3）用户决策行为量表开发

用户的披露意愿对于用户的披露行为有决定性的作用，在移动商务应用的使用过程中，移动商务运营商对用户信息的获取是精准提供服务的前提，也是让用户获得更佳使用体验的前提。只有在用户披露意愿偏向愉悦时，移动商务运营商才有更多的机会获取用户的个人信息。因此，披露意愿与披露行为均设置为三级不同强度题项，最终形成 6 个题项，如表 3.4 所示。

表 3.4　用户披露意愿量表

变量	题项
披露意愿 DW	DW1：我愿意向移动商务平台披露我的个人信息
	DW2：我愿意向移动商务平台提供个人信息使用权限
	DW3：我愿意向他人推荐在使用移动商务平台时披露个人信息
披露行为 DB	DB1：我在使用移动商务平台时披露个人信息
	DB2：我主动在使用移动商务平台时披露个人信息
	DB3：我推荐他人在使用移动商务平台时披露个人信息

（二）正式量表形成

严格遵照量表的开发流程，在确定量表之前，我们需要通过定性与定量的方法对量表中的测量题项设置进行斟酌，对题项进行再梳理。

1. 题项修订

为了增强量表的可读性，让量表的各个题项能被调查问卷填报者准确、快速地理解，本研究小组对量表中的每一个题项进行了探讨，并作出了一定的修改。在此期间，我们多次组织了研究小组讨论,大致流程为:由涉及本研究领域的师生组成研究小组，并以研讨会的形式对现有量表进行讨论，提出修改建议，统一意见后，最终确定题项。在讨论过程中，小组成员对题项进行初试，问题主要包括："您是否能准确地理解该题项的意思？""你觉得量表中各个题项的问题描述是否清楚？"等。

综上，对测量要点的解释更加精细化，对于问卷中的举例部分尽可能做到言简意赅、通俗易懂，节约被调查者的答题时间。

最终，研究小组构建了移动商务用户个人信息披露行为内在机理模型中9个变量的量表，共设有44个题项，如表3.5所示。

表3.5 移动商务用户信息决策风险量表题项设置

变量	编码	题项
技术风险（TR）	TR1	对我们的个人信息加密保护不当（例如在我们的日常生活中和外卖员进行通话时，电话号码没有进行虚拟），导致出现信息泄露风险
	TR2	我听说某平台被黑客入侵过，我继续使用此平台会导致我的个人信息被泄露
	TR3	用户通过移动设备或不同移动终端设备进行访问平台，平台的密码、验证码、指纹、人脸识别等认证举措不多，导致我会因身份被冒充而泄露个人信息
	TR4	平台没有对用户的权限进行分级，不同级别的用户都能获得相同的平台信息，导致我的个人信息存在泄露的风险
	TR5	平台没有对用户数据进行匿名化处理（例如在一些平台发布评论或其他东西时，没有匿名发布选项），我的个人信息存在泄露风险
	TR6	平台没有对用户信息进行隐藏处理（例如访问记录、播放记录等信息没有隐藏），存在个人信息泄露的风险
	TR7	平台共享协议存在缺陷，未经我的允许，把我的个人数据非法共享给第三方平台，致使我的信息泄露
	TR8	现有的信息传输方法存在缺陷，会导致我的个人信息受到被泄露的威胁
	TR9	平台没有对非法用户传播的数据进行隔离，在合法用户使用时没有警示信息，导致我的信息存在泄露风险

续表

变量	编码	题项
	TR10	平台没有对用户提示当前操作风险，导致我的个人信息存在泄露风险
平台环境风险（PER）	PER1	平台之间进行数据共享时，第三方平台滥用我的个人信息（广告推送、推销短信等），导致个人信息泄露
	PER2	移动通信过程中存在信息传输方式的缺陷，造成我披露的个人信息被在线窃听、篡改和伪造
	PER3	平台强制实名（姓名、手机号、身份证等），进而平台轻易收集到我的敏感数据，存在个人信息被滥用的风险
	PER4	在信息保护法律制度相对薄弱的国家和地区，我提供给平台的信息数据存在被泄露的风险
	PER5	平台强制或诱导我点击移动广告，窃取我的个人信息，导致个人信息泄露
	PER6	平台基于位置的服务过度收集、滥用我的位置信息，给我的个人信息带来泄露的风险
平台运营管理风险（PMR）	PMR1	平台未对用户的个人位置信息进行合理的权限管理，致使第三方轻易获取用户信息进行商业活动（基于地理位置的广告推送等），给我的个人信息带来风险
	PMR2	平台未对投放的移动广告进行审核甄别，导致恶意广告对我的个人信息构成威胁
	PMR3	平台信息管理机制不完善，导致我的个人信息被泄露
	PMR4	平台内部监管措施不到位，对泄露用户信息行为的惩罚追责力度不够，会导致平台泄露我的信息

续表

变量	编码	题项
	PMR5	平台对内部人员管理不善，致使内部人员会因非法利益诱惑或操作不当而泄露、滥用我的个人信息，给我的个人信息带来风险
	PMR6	平台因利益交换默许第三方（如微信小程序）收集我的信息，导致我的信息被滥用甚至泄露
用户自身脆弱风险（UVR）	UVR1	我在使用移动商务平台时，个人信息保护意识不足、安全意识不强，存在个人信息泄露的风险
	UVR2	我没有被入侵的相关经历，缺乏风险认知，在平台上随意披露个人信息，导致我面临个人信息被泄露风险
	UVR3	我会为了方便，在不同的平台使用或授权同一账号信息（微信、QQ等）进行登录，导致关联平台的个人信息面临被泄露的风险。
	UVR4	我会为了方便记忆而设置较为简单或有规律的密码，容易导致密码被破解，个人信息被盗用
	UVR5	我因为安装高风险插件、登录恶意网站，忽视了潜在的风险，导致个人信息被窃取
	UVR6	我为了使用平台的某些个性化功能，向平台提供过多的权限（例如位置、通讯录、相机），导致个人信息泄露
移动终端风险（MTR）	MTR1	平台移动App存在安全漏洞，并且没有相关安全设置，对我的个人信息造成泄露风险
	MTR2	我的移动终端被恶意软件污染后，对个人信息造成泄露风险
	MTR3	平台移动App在未开启权限的情况下仍能访问数据，对我的个人信息造成风险

续表

变量	编码	题项
	MTR4	平台移动 App 没有提醒风险环境和恶意事件的功能（转账时非常用设备提醒，高风险访问终端提出警示信息），对我的个人信息造成泄露风险

2. 题项检验

本部分将从前期收集测试的样本数据的基础上，采用探索性因子分析对数据进行分析，从而检验每个变量与相对应题项之间的关系是否符合前期模型中的对应关系，并给予适当调整，进而达到量表题项优化目的。

效度检验是为了衡量测量工具的精确程度，需要对问卷进行因子分析，所得分析结果用于判断是否符合研究要求，检验值越高则说明越符合要求，反之则越不符合。通常在效度检验前要进行 KMO 与 Bartlett 球体检验，用于判断样本数据是否能够进行因子分析，本章的 KMO 与 Bartlett 值如表 3.6 所示。

表 3.6 KMO 和巴特利特检验

类型		检验值
KMO 取样适切性量数		.974
巴特利特球形度检验	近似卡方	27627.179
	自由度	946
	显著性	.000

本章研究得到的 KMO 的值为 0.974，巴特利特球形度检验结果显著，说明样本数据适合进行因子分析。经测试，总方差累计 74.413%，经过主成分析和最大方差旋转，析出特征值大于 1 的 5

个因子，方差贡献率均在50%以上，因子结构清晰，涉及的项目与其相关变量的负载值均大于 0.5，说明设计的量表可以测量出本章研究所需测量的问题。

（三）量表确定

经过上文中的量表设计、题项修订、题项检验和数据分析测试，本章研究的量表共围绕所构建模型中的9个变量确定了44个测量题项，其中包括10个技术风险测量题项、6个平台环境风险测量题项、6个平台运营管理风险测量题项、6个用户自身脆弱风险测量题项、4个移动终端风险测量题项、6个感知题项、6个决策行为题项。所有量表编码后最终形成量表，具体内容如表3.7所示。

表 3.7　移动商务用户信息决策行为影响因素量表题项

变量	编码	题项
技术风险（TR）	TR1	对我们的个人信息加密保护不当（例如在我们的日常生活中和外卖员进行通话时，电话号码没有进行虚拟），导致出现信息泄露风险
	TR2	我听说某平台被黑客入侵过，我继续使用此平台会导致我的个人信息被泄露
	TR3	用户通过移动设备或不同移动终端设备进行访问平台，平台的密码、验证码、指纹、人脸识别等认证举措不多，导致我会因身份被冒充而泄露信息
	TR4	平台没有对用户的访问权限进行分级管理，不同级别的用户都能获得相同的平台信息，导致我的个人信息存在泄露的风险
	TR5	平台没有对用户数据进行匿名化处理（例如在一些平台发布评论或其他东西时，没有匿名发布选项），我的个人信息存在泄露风险

续表

变量	编码	题项
	TR6	平台没有对用户信息进行隐藏处理（例如访问记录、播放记录等信息没有隐藏），存在信息泄露的风险
	TR7	平台共享协议存在缺陷，未经我的允许，把我的个人数据非法共享给第三方平台，致使我的信息泄露
	TR8	现有的信息传输方法存在缺陷，导致我的个人信息受到被泄露的威胁
	TR9	平台没有对非法用户传播的数据进行隔离，在合法用户使用时没有警示信息，导致我的信息存在泄露风险
	TR10	平台没有对用户提示当前操作风险，导致我的个人信息存在泄露风险
平台环境风险（PER）	PER1	平台之间进行数据共享时，第三方平台滥用我的个人信息（广告推送、推销短信等），导致个人信息泄露
	PER2	移动通信过程中存在信息传输方式的缺陷，导致我披露的个人信息被在线篡改、窃听和伪造
	PER3	平台强制实名（姓名、手机号、身份证等），进而平台轻易收集到我的敏感数据，存在个人信息被滥用的风险
	PER4	在信息保护法律制度相对薄弱的国家和地区，我提供给平台的信息数据存在被泄露的风险
	PER5	平台强制或诱导我点击移动广告，窃取我的个人信息，导致信息泄露
	PER6	平台基于位置的服务过度收集、滥用我的位置信息，给我的个人信息带来泄露的风险

续表

变量	编码	题项
平台运营管理风险（PMR）	PMR1	平台未对用户的个人位置信息进行合理的权限管理，致使第三方轻易获取用户信息进行商业活动（基于地理位置的广告推送等），给我的个人信息带来风险
	PMR2	平台未对投放的移动广告进行审核甄别，导致恶意广告对我的个人信息构成威胁
	PMR3	平台信息管理机制不完善，导致我的个人信息被泄露
	PMR4	平台内部监管措施不到位，对泄露用户信息行为的惩罚追责力度不够，导致平台泄露我的信息
	PMR5	平台对内部人员管理不善，致使内部人员会因非法利益诱惑或操作不当而泄露、滥用我的个人信息，给我的个人信息带来风险。
	PMR6	平台因利益交换默许第三方（如微信小程序）收集我的信息，导致我的信息被滥用甚至泄露
用户自身脆弱风险（UVR）	UVR1	我在使用移动商务平台时，信息保护意识不足、安全意识不强，存在个人隐私泄露的风险
	UVR2	我没有被入侵的相关经历，缺乏风险认知，在平台上随意披露个人信息，导致我面临信息被泄露的风险
	UVR3	我为了方便，在不同的平台使用或授权同一账号信息（微信、QQ等）进行登录，导致关联平台的个人信息面临被泄露的风险
	UVR4	我为了方便记忆而设置较为简单或有规律的密码，导致密码被破解，个人信息被盗用
	UVR5	我因为安装高风险插件、登录恶意网站，忽视了潜在的风险，导致个人信息被窃取

续表

变量	编码	题项
	UVR6	我为了使用平台的某些个性化功能，向平台提供过多的权限（例如位置、通讯录、相机），导致个人信息泄露
移动终端风险（MTR）	MTR1	平台移动App存在安全漏洞，并且没有相关安全设置，对我的个人信息造成泄露风险
	MTR2	我的移动终端被恶意软件污染后，对个人信息造成泄露风险
	MTR3	平台移动App在未开启权限的情况下仍能访问数据，会对我的个人信息造成风险
	MTR4	平台移动App没有提醒风险环境和恶意事件的功能（转账时非常用设备提醒，高风险访问终端提出警示信息），对我的个人信息造成泄露风险
感知风险（PR）	PR1	移动商务平台收集与使用我的个人信息可能会对我的个人信息构成威胁
	PR2	移动商务平台可能会在未经我同意的情况下向第三方出售或共享我的个人信息
	PR3	移动商务平台可能会将我的个人信息用于约定服务范围以外的用途
感知收益（PB）	PB1	移动商务平台会根据我的购买记录、地理位置等个人信息向我推荐最优方案与服务
	PB2	将个人信息披露给移动商务平台能够为我提供折扣商品或服务
	PB3	将个人信息披露给移动商务平台能够为我提供个性化服务，进一步提升我的使用体验
披露意愿（DW）	DW1	我愿意向移动商务平台披露我的个人信息
	DW2	我愿意向移动商务平台提供个人信息使用权限
	DW3	我愿意向他人推荐在使用移动商务平台时披露个人信息

续表

变量	编码	题项
披露行为（DB）	DB1	我在使用移动商务平台时披露个人信息
	DB2	我主动在使用移动商务平台时披露个人信息
	DB3	我推荐他人在使用移动商务平台时披露个人信息

二、样本数据收集

运用问卷调查法进行研究最重要的环节是精心设计调查问卷，调查问卷设计质量的好坏对收集数据的科学性和有效性有着十分重要的影响。为确保调查问卷的高效，本章对调查问卷的结构、题项等进行了详细的设计。调查问卷主要包括三个部分：问卷情况、个人基本情况、主体测量题项，调查问卷详情见附录。

（一）问卷情况

本章设计的调查问卷在题头部分介绍了问卷的总体情况和答题规则等，让被调查者逐步了解问卷情况，以便后续顺利作答。首先，卷首内容做了相关说明和解释，涵盖调研目的、隐私保护、作答要求、作答时间及致谢。卷首主要描述了三方面内容：一是诚挚地表达了研究人员对目标样本客观性的期望；二是明确告知被调查者调研数据的使用范围和目的，并向被调查者做出隐私保护承诺，以期获得更加真实的样本数据；三是对被调查者致以感谢。其次，对问卷中的核心概念做出名词解释，包括"移动商务平台""用户信息"和"移动商务用户信息决策行为"，避免被调查者产生歧义或认知错误。最后，对调查问卷的作答方式给出了解释说明，引导被调查者正式进入答题环节。

（二）个人基本情况

该部分涉及被调查者的个人基本信息，本章选择了被调查者的性别、年龄、受教育程度、职业，以及使用移动购物、支付的时长及频次，可以反映出与移动商务用户信息披露意愿程度存在相关性的人口统计学特征。在移动商务用户行为研究中，性别、年龄和职业通常被作为重要的个人因素，有相关研究证明了这几种个人因素在用户信息决策过程中的作用。本章针对移动商务用户个人信息决策行为进行研究，研究结果也会受到性别、年龄、职业等的影响。

（三）主体测量题项

根据本章构建的理论模型，首先进行排列的是可能存在的 5 个风险变量，即技术风险、平台环境风险、平台运营管理风险、用户自身脆弱风险、移动终端风险，接着排列的是感知风险与感知收益两个变量，最后排列的是披露意愿和披露行为两个变量，总共包括 9 个研究变量、44 个测量题项。Likert 5 级量表等级结构简单清晰，具备较好的区分度，测量结果的科学性、有效性得到公认，也利于被调查者顺利作答。基于此，本调查问卷选择采用 Likert 5 级量表进行评分。

本章采用纸质问卷现场调查和电子问卷网络调查两种方式。现场调查主要是在云南省昆明市投发纸质问卷来收集样本，网络调查主要是通过"问卷星"平台来采集样本。本次调查通过现场走访发放纸质问卷 325 份，收到有效问卷 287 份；"问卷星"平台收到电子问卷 287 份，有效问卷 225 份。累计收到有效问卷 512 份，调查样本的描述性统计信息如表 3.8 所示。由表可见，被接受调查者中男性为 224 人，占比 44.4%；女性为 288 人，占比 55.6%。表中还统计了被调查者年龄、受教育程度、职业、使用移动商务应用的时长和频率等信息。

表 3.8 调查样本的描述性统计

测试度	分类	频数	百分比
性别	男	224	44.4%
	女	288	55.6%
年龄	<18	14	2.7%
	18-30	370	72.3%
	30-40	96	18.8%
	40-50	26	5.1%
	>50	6	1.1%
受教育程度	大专及以下	46	9%
	本科	286	55.9%
	硕士	128	25%
	博士	52	10.1%
职业	教师及科研人员	93	18.1%
	公务员	33	6.5%
	企业职员	32	6.3%
	学生	312	60.9%
	医生	3	0.6%
	自由职业者	10	1.9%
	其他	29	5.7%
使用移动购物、移动支付的时间（年）	<1	14	2.7%
	1-3	97	19%
	3-4	112	21.9%
	4-5	74	14.4%
	>5	215	42%

续表

测试度	分类	频数	百分比
每周使用移动购物、移动支付的频次	0	0	0%
	1-5	7	1.4%
	6-10	187	36.5%
	10-15	263	51.4%
	>15	55	10.7%

第四节　数据分析与模型检验

上一节内容完成了量表的设计和样本数据的收集工作，本节将利用收集到的样本数据对量表的信度和效度进行检验，对构建的移动商务用户个人信息决策行为机理模型进行检验，并对关系假设检验结果进行分析。

一、信度和效度检验

本章的测试量表均借鉴于相关文献，同时基于研究主题的不同进行了修改，为保证问卷的有效性，需对问卷的信度及效度进行测量。信度检验主要包括对问卷的一致性及稳定性进行评估，即对调查者在接受测量后所展现的结果的差异性和相关关系。信度越高，问卷的可信度和有效程度也就越高。本章通过克隆巴赫 Alpha 系数对指标进行评估，Alpha 取值范围在 0-1，如表 3.9 所示。

表 3.9 信度系数参考表

信度系数	变量	总体变量
α<0.5	建议舍弃	建议舍弃
0.5<=α<0.6	勉强接受，建议修改	建议重新编制
0.6<=α<0.7	可以接受	勉强接受，建议修改
0.7<=α<0.8	信度较好	可以接受
0.8<=α<0.9	信度很高	信度较好
0.9<=α	信度极高	信度极高

本章的信度系数如表 3.10 所示，可看出各变量的信度系数在 0.870 到 0.957 之间，均大于 0.8，信度较高，问卷结构较好，总体变量达到了 0.976，信度极高。总体上，本问卷达到了研究所需标准。

表 3.10 问卷信度统计量

变量	测试项数	克隆巴赫 Alpha
技术风险	10	.912
平台环境风险	6	.927
平台运营管理风险	6	.935
用户自身脆弱风险	6	.947
移动终端风险	4	.938
感知风险	3	.924
感知收益	3	.870
披露意愿	3	.951
披露行为	3	.925
总体量表	44	.976

因子分析分为探索性、验证性因子分析，本章使用 SPSS 软件进行探索性因子分析，检验是否有潜在因子对显变量产生影响。通过 AMOS 软件进行验证性因子分析，检验模型假设的合理性。本章使用上述两种软件进行分析，结果如表 3.11、表 3.12 和表 3.13 所示。

表 3.11 特征值与方差贡献表

成分	初始特征值			提取载荷平方和		
	总计	方差百分比	累积%	总计	方差百分比	累积%
1	23.160	52.635	52.635	23.160	52.635	52.635
2	5.024	11.418	64.053	5.024	11.418	64.053
3	1.864	4.237	68.290	1.864	4.237	68.290
4	1.528	3.472	71.762	1.528	3.472	71.762
5	1.167	2.652	74.413	1.167	2.652	74.413
6	.929	2.112	76.526			
7	.662	1.504	78.030			
8	.534	1.215	79.244			
9	.508	1.154	80.398			
10	.484	1.100	81.498			
11	.478	1.086	82.584			
12	.453	1.030	83.614			
13	.435	.988	84.603			
14	.383	.870	85.473			

续表

成分	初始特征值			提取载荷平方和		
	总计	方差百分比	累积%	总计	方差百分比	累积%
15	.369	.839	86.312			
16	.360	.818	87.129			
17	.338	.769	87.899			
18	.316	.718	88.617			
19	.307	.699	89.315			
20	.297	.675	89.990			
21	.292	.664	90.654			
22	.285	.648	91.302			
23	.269	.612	91.914			
24	.250	.569	92.482			
25	.242	.551	93.033			
26	.231	.525	93.558			
27	.230	.523	94.081			
28	.223	.507	94.588			
29	.217	.493	95.081			
30	.208	.472	95.553			
31	.190	.432	95.985			
32	.186	.422	96.407			
33	.174	.396	96.804			
34	.171	.388	97.192			

续表

成分	初始特征值			提取载荷平方和		
	总计	方差百分比	累积%	总计	方差百分比	累积%
35	.163	.371	97.563			
36	.152	.345	97.908			
37	.136	.309	98.216			
38	.129	.294	98.510			
39	.126	.287	98.797			
40	.125	.284	99.082			
41	.111	.252	99.333			
42	.108	.244	99.578			
43	.098	.223	99.801			
44	.088	.199	100.000			

表 3.12 因子负载分析

	变量	SPSS 因子负载	AMOS 因子负荷
技术风险	TR1	0.702	.74
	TR2	0.663	.67
	TR3	0.718	.76
	TR4	0.73	.78
	TR5	0.77	.85
	TR6	0.798	.86
	TR7	0.819	.87
	TR8	0.797	.85
	TR9	0.819	.89
	TR10	0.796	.85
平台环境风险	PER1	0.809	.86
	PER2	0.812	.81
	PER3	0.824	.88
	PER4	0.828	.88
	PER5	0.813	.87

续表

变量		SPSS 因子负载	AMOS 因子负荷
	PER6	0.83	.89
平台运营管理风险	PMR1	0.832	.87
	PMR2	0.85	.90
	PMR3	0.843	.90
	PMR4	0.836	.90
	PMR5	0.839	.87
	PMR6	0.838	.89
用户自身脆弱风险	UVR1	0.676	.81
	UVR2	0.649	.78
	UVR3	0.729	.83
	UVR4	0.633	.81
	UVR5	0.659	.80
	UVR6	0.716	.80
移动终端风险	MTR1	0.838	.88
	MTR2	0.836	.90
	MTR3	0.825	.88
	MTR4	0.812	.87
感知风险	PR1	0.814	.89
	PR2	0.807	.89
	PR3	0.816	.90
感知收益	PB1	0.625	.75
	PB2	0.539	.86
	PB3	0.577	.90
披露意愿	DW1	0.851	.94
	DW2	0.837	.92
	DW3	0.85	.93
披露行为	DB1	0.737	.83
	DB2	0.833	.93
	DB3	0.84	.94

经过主成分分析和最大方差旋转，析出特征值大于 1 的 5 个因子。SPSS 软件得出的因子负载表中因子的指标均大于 0.5，最小值为 0.539；AMOS 软件得出的因子负荷均大于 0.5，因子对研究变量的解释都在 0.5 以上，保证了变量的有效性。如表 3.11 所示，提取了 5 个公因子，这 5 个公因子可以包含所有变量 74%的信息，

方差贡献率均在 50% 以上。因子结构清晰，各个项目在其关联的变量上负载值均大于 0.5，可以测量出本章所需测量的问题，故不必对问卷进行删除修正。同时对 AMOS 的因子分析进行检查，如表 3.13 所示。

表 3.13　模型适配度检验结果

拟合指标	CMIN/DF	CFI	RMSEA
建议值	≤ 3.00	≥ 0.90	≤ 0.10
模型结果	2.556	.951	.052

由此可见，CMIN/DF 的值达到了建议值且因子负载均满足需求，数据较为良好。

结构方程模型实证分析的数据应该满足正态分布，样本数据若符合正态分布，则偏度值应小于 3，峰度值应小于 10。过高的偏度值和峰度值会导致模型拟合程度较差，本章的有效数据将使用 SPSS 进行计算处理，结果如表 3.14 所示。

表 3.14　正态估计分布值

变量	最小值	最大值	偏度值	峰度值
TR1	1	5	0.51	-0.408
TR2	1	5	0.416	-0.576
TR3	1	5	0.388	-0.572
TR4	1	5	0.437	-0.473
TR5	1	5	0.616	-0.103
TR6	1	5	0.606	-0.113

续表

变量	最小值	最大值	偏度值	峰度值
TR7	1	5	0.831	0.271
TR8	1	5	0.556	-0.025
TR9	1	5	0.65	0.092
TR10	1	5	0.542	-0.278
PER1	1	5	0.903	0.502
PER2	1	5	0.562	-0.203
PER3	1	5	0.806	0.169
PER4	1	5	0.744	0.283
PER5	1	5	0.871	0.394
PER6	1	5	0.773	0.169
PMR1	1	5	0.657	-0.035
PMR2	1	5	0.63	0.018
PMR3	1	5	0.651	0.061
PMR4	1	5	0.678	0.086
PMR5	1	5	0.658	-0.004
PMR6	1	5	0.765	0.268
UVR1	1	5	0.334	-0.47
UVR2	1	5	0.203	-0.636
UVR3	1	5	0.472	-0.332
UVR4	1	5	0.426	-0.544
UVR5	1	5	0.215	-0.768
UVR6	1	5	0.596	-0.093
MTR1	1	5	0.529	-0.064
MTR2	1	5	0.611	0.18
MTR3	1	5	0.584	-0.186

续表

变量	最小值	最大值	偏度值	峰度值
MTR4	1	5	0.601	-0.021
PR1	1	5	0.567	-0.047
PR2	1	5	0.6	-0.066
PR3	1	5	0.528	-0.025
PB1	1	5	0.525	-0.11
PB2	1	5	0.29	-0.692
PB3	1	5	0.216	-0.561
DW1	1	5	-0.394	-0.752
DW2	1	5	-0.32	-0.743
DW3	1	5	-0.516	-0.774
DB1	1	5	-0.098	-0.916
DB2	1	5	-0.359	-0.849
DB3	1	5	-0.44	-0.853

可见表中数据均满足标准，偏度值在3以内，峰度值在10以内。所以，本章收集的有效数据符合正态分布，能够进入下一环节的分析。

二、模型检验

结构方程模型是一个结构方程式的体系，从结果中可以直观地看出因果路径系数。结构方程模型分析主要有以下步骤。

（一）模型界定

模型界定指根据上文所讨论的理论进行因果关系路径图的

构建，确定彼此影响的正负性后，将路径图转化为测量模型与结构模型，将模型用结构方程的形式表示出来。本章模型应含有个9变量，分别是技术风险、平台环境风险、平台运营管理风险、用户自身脆弱风险、移动终端风险、感知风险、感知收益、披露意愿、披露行为。这个9变量为结构方程模型中的潜在变量，对应着各自的测量指标：

（1）技术风险：TR1、TR2、TR3、TR4、TR5、TR6、TR7、TR8、TR9、TR10；

（2）平台环境风险：PER1、PER2、PER3、PER4、PER5、PER6；

（3）平台运营管理风险：PMR1、PMR2、PMR3、PMR4、PMR5、PMR6；

（4）用户自身脆弱风险：UVR1、UVR2、UVR3、UVR4、UVR5、UVR6；

（5）移动终端风险：MTR1、MTR2、MTR3、MTR4；

（6）感知风险：PR1、PR2、PR3；

（7）感知收益：PB1、PB2、PB3；

（8）披露意愿：DW1、DW2、DW3；

（9）决策行为：DB1、DB2、DB3。

根据前文数据显示，本章变量的信度与效度均达到理想值。利用 AMOS26.0 构建结构方程模型，结构方程模型里共包含 53 个变量，其中有 44 个可直接观测的显变量与 9 个不可直接观测的潜变量。

（二）模型识别

模型识别主要是用来确定结构方程是否可以准确得到待估参数的估计值。根据计算，模型可以分为充分识别、过度识别和识别不足三种类型。其中只有充分识别和过度识别两种情况才可以进行模型估计。本章采用 t 法则对构建的模型进行识别，需要对数据资料点数 DP、待估参数数目 t 等两个数据进行计算：

$$DP = \frac{p+q \times p+q+1}{2} \quad (3.1)$$

$$t = 参数总数 - 固定参数 \quad (3.2)$$

经过计算，当 $t>$DP 时，模型则为识别不足类型模型；当 $t=$DP 时，模型则为充分识别类型模型；$t<$DP 时，模型则为过度识别类型模型。根据本章的样本数据计算得出的 t 值和 DP 值分别为 44 和 990，符合 $t<$DP，本章构建的模型为过度识别，可以进行估计。

（三）模型估计

本章使用 AMOS 对理论模型进行估计，样本数量为 512，高于 500，所以采用极大似然法进行模型估计。

（四）整体适配度

模型整体适配度的评价指标可以分为简约适配指标（PNFI、PGFI）、相对适配指标（NFI、CFI）和绝对适配指标（x^2/df、GFI、AGFI、RMSEA）三类。各类适配指标标准与本章模型计算得到的适配值如表 3.15 所示，由数据可知本章适配程度较好。

表 3.15 指标适配标准与模型适配值

类别	指标	中文释义	适配标准	本章适配值
绝对适配指标	x^2/df	卡方自由度比值	1~3	2.556
	GFI	适配度指标	>0.8	.845
	AGFI	调整后适配度指标	>0.8	.823

续表

类别	指标	中文释义	适配标准	本章适配值
	RMSEA	近似残差均方根	<0.08	.052
相对适配指标	NFI	规范适配指标	>0.8	.922
	CFI	比较适配指标	>0.9	.951
简约适配指标	PNFI	简约规范适配指标	>0.5	.844
	PGFI	简约规范适配指标	>0.5	.739

（五）结构模型评价

结构模型可以通过测量结果的显著性水平、路径系数进行评价，结果的显著性水平决定了路径关系中变量之间相互影响的程度，路径系数检验了研究问题和研究做出的关系假设的符合程度，可以对结构方程的解释能力进行评价。本章通过 AMOS 得出的实证结果如表 3.16 所示。

表 3.16 结构方程模型路径系数

路径关系			标准回归系数	C.R.	P	验证结果
DW	<-->	DB	0.570	14.875	***	通过
PB	<-->	DW	0.430	13.592	***	通过
PR	<-->	DW	−0.312	13.667	***	通过
MTR	<-->	PR	0.385	14.565	***	通过
UVR	<-->	PR	0.423	12.314	***	通过
PMR	<-->	PR	0.354	13.731	***	通过

续表

路径关系			标准回归系数	C.R.	P	验证结果
PER	<-->	PR	0.272	13.729	***	通过
TR	<-->	PR	0.247	12.618	***	通过

注：*表示在 P<0.05 水平上显著，**表示在 P<0.01 水平上显著，***表示在 P<0.001 水平上显著。

由表 3.16 中结果可知，本章构建的移动商务用户个人信息决策行为机理模型得到了有效检验，提出的影响因素关系假设成立，显著性较高，模型的结构方程路径系数如图 3.2 所示。

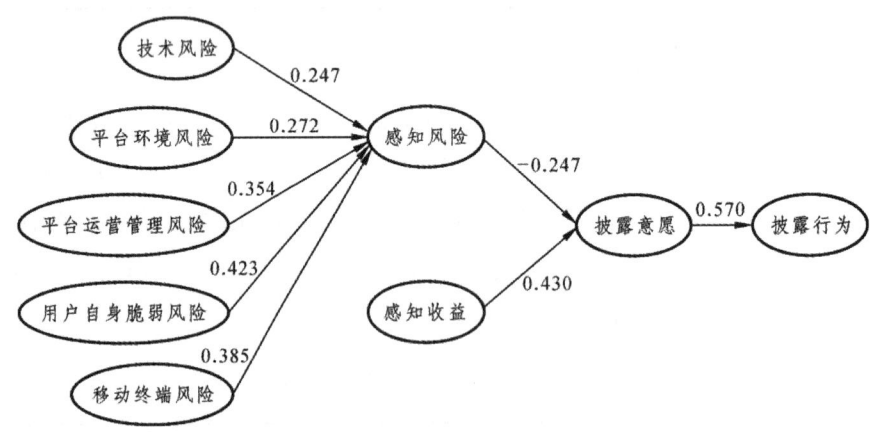

图 3.2 结构方程路径系数

第五节 关系假设及感知风险因素

结合上文实证分析结果，本章对移动商务用户个人信息决策行为内在机理模型的关系假设和移动商务用户感知风险的影响因素讨论如下。

（1）技术风险因素对用户感知风险的正向影响关系成立，其标准化的路径系数为 0.247。技术风险能够更加细化分析用户在移动商务平台信息安全技术方面可能感受到的风险威胁，从技术层面分析用户披露的个人信息面临的风险问题，让个人信息披露的途径更加透明。移动商务平台应该加强网络入侵检测、异常数据检测、数据加密、身份认证、访问控制、匿名化、轨迹隐藏等信息安全技术的使用，解决技术方面的潜在威胁，为移动商务用户提供更加安全的技术平台，从而降低移动商务用户披露个人信息时的风险感知。

（2）平台环境因素对用户感知风险的正向影响关系成立，其标准化路的径系数为 0.272。这说明移动商务用户在披露个人信息时也会面临数据共享交换、协议兼容、信息保护法律多元化、移动广告攻击、定位服务等移动商务平台外部环境方面带来的风险，直接影响着用户的感知风险。移动商务平台在与第三方应用交互数据时要注重数据格式、协议、服务等方面标准的规范性，逐步优化平台环境，降低用户顾虑，进而逐步降低用户感知风险。

（3）平台运营管理风险因素对用户感知风险的正向影响关系成立，其标准化的路径系数为 0.354。这说明对移动商务运营商来说存在移动商务平台运营管理不善的情况，移动商务用户在披露个人信息时也会关注移动商务平台广告审查、访问权限管理、信息管理机制、监管与惩戒体系、内部人员威胁等方面存在的潜在风险，移动商务平台的运营管理现状直接影响用户的感知风险。移动商务运营商应该加强平台内部管理，优化平台管理机制，通过为用户提供个人信息保护措施来降低用户的感知风险。

（4）用户自身脆弱风险因素对用户感知风险的正向影响关系成立，其标准化的路径系数为 0.423。这说明移动商务用户披露个人信息时存在着自身信息保护意识薄弱、信息入侵应对经验较少、关联设置较多、密码设置简单等方面的问题,直接对用户披露的个人信息构成威胁,增加了用户感知风险。

(5)移动终端风险因素对用户感知风险的正向影响关系成立,其标准化的路径系数为0.385。这说明移动商务用户披露个人信息时也面临着移动终端对移动商务平台敏感数据保护、污点数据控制、权限控制、恶意事件提醒等方面的威胁,也直接影响着用户感知风险。

(6)用户感知风险对用户披露个人信息意愿的负向影响关系成立,其标准化的路径系数为-0.312;用户感知收益对用户披露个人信息意愿的正向影响关系成立,标准化路径系数为0.430。这说明用户感知风险会增加用户信息安全担忧,降低个人信息对用户的透明程度和可控性,对用户个人信息披露意愿产生消极影响;用户感知收益会提升用户对移动商务应用的使用体验,对用户披露个人信息的意愿产生积极影响。用户权衡感知收益和感知风险之后,个人信息披露意愿会偏向于积极或消极。在移动商务实际应用过程中,用户能够从移动商务平台获得的个性化产品和服务、折扣优惠等带来的感知收益是明确、透明的,而用户的感知风险具有不确定性。因此,移动商务平台应该在用户感知收益不变的情况下,尽可能采取有效的个人信息保护措施来降低用户的感知风险,以增强用户个人信息披露意愿。由此可见,移动商务用户个人信息决策风险研究对移动商务平台来讲至关重要。

(7)用户披露个人信息的意愿对用户披露个人信息的行为正向影响关系成立,其标准化的路径系数为0.57。这说明用户披露个人信息的意愿直接影响着用户披露个人信息的行为,用户披露个人信息的意愿越强、越积极,用户披露个人信息的次数会越多,反之则次数会越少。

第六节 风险偏好设置影响研究

基于上文实证结果,用户自身脆弱风险因素对用户感知风险的影响最大,其标准化的路径系数达到 0.423,直接影响移动商务用户信息披露行为。鉴于此,本节重点围绕用户自身脆弱风险因素,结合移动商务用户操作实践,从用户风险偏好设置的视角来探讨不同的风险偏好设置对用户信息决策行为的影响机理。

一、背景分析

随着信息技术的不断发展,网络服务越来越便捷,网民数量不断增加,皮尤中心在美国的调研揭示:57%的用户因担心个人信息得不到保护而放弃安装任何移动应用。用户数据的泄露及过度获取使得人们对个人信息的安全担忧,导致用户不愿披露个人信息。随着人们个人信息保护意识的增强,我国制定了一系列保护个人信息的法律法规。对移动服务商来说,保护用户的个人信息不仅是对用户的尊重与义务,而且成了当下各类移动服务商之间吸引用户的重要因素之一。

国内外学者针对移动服务商所提供的信息保护方法进行了实证研究。国内文献中,王崇等[①]指出,个人信息的泄漏会使该产品和服务增加更多的不利因素,也会让移动商务消费者的风险成本增加。陈昊等[②]提出,移动用户没有持续选择该服务的原因之一

[①] 王崇,吴价宝,王延青. 移动电子商务下交易成本影响消费者感知价值的实证研究[J]. 中国管理科学,2016,24(8):98-106.

[②] 陈昊,李文立,柯育龙. 社交媒体持续使用研究:以情感响应为中介[J]. 管理评论,2016,28(9):61-71.

是自己的信息没有得到保护。王洪伟等[①]通过研究发现，网站安全控制与隐私政策可以提高用户提供信息的意愿，也能提高用户对产品的信任程度。李睿等[②]从信息敏感性、接受者敏感性和使用敏感性三个方面对移动用户的信息披露容忍度进行了分类分析，并开发设计了相应的测量量表。国外文献中，Xu Heng等[③④]对信息保护措施与个人信息感知之间的关系进行研究，发现披露个人信息时对"风险—控制"的权衡评估主要受用户对隐私政策以及行业隐私自律的感知有用性影响，提高用户的个人信息披露意愿需要从用户的信息安全担忧入手，个人信息的自我保护、行业自律以及法律法规等都能够显著降低用户的信息安全担忧，提高用户的披露意愿。Wang等[⑤]通过实证研究证明，服务提供商在主动采取保护消费者信息措施的过程是提高用户信息披露意愿的最佳时机。Datasift的CEO Tim Barker也提到，最终的胜利者一定是消费者数据保护的实践者。

综上所述，现有的信息保护方法过于单一薄弱，主要为隐私政策与权限请求。而在用户的实际应用中，用户在安装和使用移动应用软件时几乎不会阅读应用权限和隐私政策，这就造成了用

---

① 王洪伟，周曼，何绍义．影响个人在线提供隐私信息意愿的实证研究[J].系统工程理论与实践，2012，32（10）：2186-2197．
② 李睿，张锐剑，李文立等．移动互联网环境下的隐私泄露容忍度测度方法[J].管理评论，2016，28（7）：102-111．
③ Xu Heng,Teo H H,Tan BC Y,et al. Research note-effects of individual self–protection, industry self-regulation, and government regulation on privacy concerns:A study of location-based services [J]. Information System Research，2012，23（4）：1342-1363．
④ Xu Heng，Dinev T，SmithJ，et al.Information privacy concerns: Linking individual perceptions with institutional privacy assurances [J].Journal of the Association for Information Systems.2011，12（12）：798-824．
⑤ Wang S C，Wu J H. Proactive privacy practices in transition:Toward ubiquitous services[J]. Information & Management，2014，51（1）：93-103．

户若想获得服务,只能被动接受由服务商单方面指定的隐私政策,若不接受则只能拒绝使用该服务。这就使得一些用户对该移动应用的体验下降。

因此,为了缓解不同类型用户对风险偏好之间的差异对移动服务商所带来的消极影响,本节围绕一种"风险偏好设置"的信息保护方法,即不同类型用户可根据自己对信息安全的关注度、偏好程度来选择性接受披露部分信息和接受权限请求,也可在使用过程中修改愿意披露的信息及使用目的。该信息保护方法能在一定程度上满足目前各类用户对移动应用的信息保护需求,填补现存信息保护方法的空白。基于此,本节从用户风险偏好设置的视角来探讨不同的风险偏好设置对用户信息决策行为的影响机理。

二、理论基础

(一)计划行为理论

计划行为理论(Theory of planned behavior)是一种对个体行为具有较强解释和预测能力的理论,发展于社会心理学科的理性行为理论(Theory of reasoned action),目前已经发展得较为成熟,在电子政务、在线消费等诸多研究领域有一定研究。在信息技术的进步和发展之下,计划行为理论更是成为预测和解释用户行为的研究焦点。理性行为理论有其自身的局限性,Ajzen 考虑到个体行为会受到某些客观条件限制的情境,于 1985 年在理论行为理论框架中增加知觉行为控制这一新变量,提出计划行为理论。[1]在该理论框架中,态度是指个体从事某一行为所持的积极的或消极的情感,这种情感的积极与消极取决于个体对从事这一行

---

[1] Ajzen I. From intentions to actions:A theory of planned behavior [M]//Action control.Springer,Berlin. Heidelberg,1985:11-39.

为将产生的结果的感知程度；主观规范指个体所信任的个体希望个体使用新系统的感知程度，同时个体还会根据对其他个体的信任程度来采纳其他个体的观点，起决定性作用的还有个体与他人意见保持一致的意向。知觉行为控制是指当个人认为自己所拥有的资源和机会越多，所遇到的阻碍越小，则对行为的知觉行为控制就愈强。行为意向是指个体计划从事某一特定行为的量度。这些因素融合起来，最终导致行为改变。

（二）有限理性人假设

社会协作系统学派的创始人切斯特·巴纳德（Chester I. Barnard）认为，人并非"完全理性的经济人"，而具有有限的决策能力和选择能力。

根据他在 1938 年发表的观点，每个正常的健康的且适合合作的人并不是科学管理理论中所述的，是"机器的附属物"，是"被动的生产工具"。他认为人是具有选择和决定能力且拥有自由意志的，但这种选择能力是有限的，因为人是各种物的、生物的、社会力量的融合物，而这些物的、生物的、社会要素融合起来所提供的可能性有限，这就给人们进行自由选择的能力施加了一个范围。虽然在某个时刻这种能力显得极为有限，但若坚持向一个方向进行多次重复选择，就会使得组成人的物的、生物的、社会要素发生较大的变化。决策是人符合逻辑且具有主观性的行为，决策以上一个阶段的目标为根据，上一阶段要达成的目标确定后,下一次决策就把上一个阶段较为模糊的目标变得更为具体，以这样一个循环流程进行下去，不断精细化决策过程，就能够使目标得以实现。即使人的决策能力有限，但通过这种递归的方式反复叠加，在每次决策中达到更精准的决策，即便每次的改变是微乎其微的，但累积起来就会实现质变，从而实现决策起初的目标。[1]

三、研究假设及机理模型

（一）刺激—反应型行为和犹豫—抉择型行为

Simon认为，要达到完全理性[2]，就必须符合以下三个条件：① 每一个人作决策时必须了解影响决策的每一个因素；② 每一个人作决策时必须能够完全估计到每一种可能的结果及其发生概率；③ 每一个人都有能力对每一种结果的偏好程度进行排序。要达到以上三个条件所需的环境过于理想，在现实情况下，人们在决策时一般不可能获得决策所需的所有信息。同时，人们的决策能力和决策思维有限。因此，任何个体在现实环境下都处于"有限理性"的条件下，即在决策时人们因为信息有限，最优结果是不可能达到的，人们只能尽可能地达到利益最大化的结果。Simon分析了心理因素对企业中人的决策行为的影响作用，认为人的决策行为是受过去的学习行为、经验、形成的习惯所影响的过程，把符合人的目的的行为分成刺激—反应型和犹豫—抉择型。

（1）刺激—反应型行为。当人们在遇到特定的情况时，人的大脑并未进行对此类情况的决策，即并不会将自身放在利益最大化的条件下去进行决策，但人们在过去的学习行为、经验、形成的习惯会让人们在这种特定的情况下下意识地做出相关反应。依靠这种反应，人们在进行一项新的决策时，若此决策涉及这一类特定的情况，便不必要再对多余条件进行考量，可进行选择性忽略，仅仅考虑关键的几个因素，从而使决策更偏向于合理，更加

---

[1] Keon T L, Barnard C I.The Functions of the Executive[J]. Academy of Management Review, 1986, 11（2）: 456.

[2] 赫伯特·西蒙.管理行为[M].詹正茂，译.北京：机械工业出版社，2013.

符合决策时的实际情况。综上所述，本节提出以下假设：

H_7：刺激—反应型行为正向影响用户的信息披露意愿。

（2）犹豫—抉择型行为。人们在进行决策之前会犹豫一段时间，在这一段时间内，人们会在脑中列举出可行的行为，并对每种可行的行为所造成的后果、此行为是否符合决策的特定环境以及做出这种行为所带来的预期价值进行考量。但由于人的有限理性，抉择发生前的行为考量可能会使人偏向理性，选择更稳妥的方式，即放弃决策。综上所述，本节提出以下假设：

H_8：犹豫—抉择型行为负向影响用户的信息披露意愿。

（二）风险偏好设置

现有的信息保护方法过于薄弱，主要包括隐私政策与权限请求。而在实际应用中，据信息泄露情况报告指出，用户在安装和使用移动应用软件时几乎不会阅读应用权限和隐私政策，这就造成了用户若想获得服务，只能被动接受由服务商单方面指定的隐私政策，若不接受则只能拒绝使用该服务。对于用户来说，不同用户拥有不同的风险偏好，且对信息的关注程度也不一样，应考虑到不同类型用户风险偏好之间的差异。在以往的研究中，大多针对现有的信息保护方法进行实证研究，缺乏对新的信息保护方法的探索，更少有考虑为不同风险类型的用户提供不同的信息保护实践。

在此背景下，本节将风险偏好类型主要分为以下三种：① 风险淡漠者。此类用户在使用移动应用软件时不会去阅读应用权限和隐私政策，也不会在意移动服务商获取到个人信息后会对个人信息进行何种处理。针对该类用户，移动商务平台可以设置信息披露程度较高的选项，以供风险淡漠者使用。② 风险使用者。此类用户在使用移动软件时会详细阅读应用权限和隐私政策，主动思考移动服务商会否合法使用用户个人信息。针对该类用户,移动商务平台可以设置信息披露程度适中的选项,以供风险使用者使用。③ 风险吝啬者。此类用户在使用移动软件时会详细阅读应用权限和隐私政策,对移动服务商获取的权限十分敏感且持反感态度,只是愿意提供一些可公开的基本信息。针对该类用户,移动商务平台可以设置信息披露程度最低的选项,以供风险吝啬者使用。综上所述,本节提出以下假设:

H_1:风险淡漠者设置正向影响用户的刺激—反应型行为。

H_2:风险淡漠者设置负向影响用户的犹豫—抉择型行为。

H_3:风险实用主义者设置正向影响用户的刺激—反应型行为。

H_4:风险实用主义者设置负向影响用户的犹豫—抉择型行为。

H_5:风险吝啬者设置正向影响用户的刺激—反应型行为。

H_6:风险吝啬者设置负向影响用户的犹豫—抉择型行为。

(三)用户信息披露意愿与披露行为

移动商务消费者由于担心个人信息泄露而导致的风险成本对其评价产品或服务的整体效用产生消极的影响。陈昊等提出,用户信息得不到保护会负向影响移动用户持续使用该服务。王洪伟等也通过实证研究发现,网站安全控制与隐私政策能显著提升用户的信任,从而增强其提供信息的意愿。李睿等从信息敏感性、接受者敏感性和使用敏感性三个维度对移动用户的信息泄露容忍度进行了分析,并开发设计了相应的测量量表。国外文献中,Wang等通过实证研究证明,服务提供商在主动采取保护消费者信息措施的过程是提高用户信息披露意愿的最佳时机。

由此可见,用户的披露意愿对于用户的披露行为有决定性的作用。在移动应用的使用中,移动服务商对用户信息的获取是精准提供服务的前提,也是让用户获得更佳使用体验的前提。只有在用户披露意愿偏向愉悦时,移动服务商才有更大的机会获取用户的信息。综上所述,用户的信息披露意愿影响用户的披露行为,本节提出以下假设:

H_9:用户的信息披露意愿正向影响用户的信息披露行为。

(四)用户信息决策行为机理模型

综前文所述,本节构建风险偏好设置影响用户决策行为的机理模型,如图3.3所示。

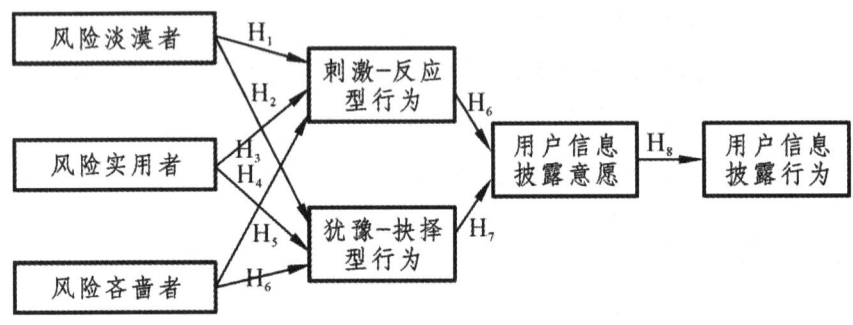

图3.3 风险偏好设置影响用户信息决策行为假设模型

四、问卷设计及数据收集

为了避免受试者在正式填写问卷时因题项的叙述不明而造成误答的情况,本节通过问卷的前测来对问卷中的题项进行检查,以测试量表的文字表达是否有歧义或者错误。本节问卷的结构共分为3部分,首先是问卷的调查目的说明与针对受试者的提示;其次是调查问卷的主体部分,包括三种风险:偏好设置、刺激—反应型、犹豫—抉择型、披露意愿、披露行为,共设21个问题项;最后是受试者基本信息的统计,包括性别、学历、职业等。题项采用李克特量表（Likert scale）进行测度，经前测修改，最终形成正式问卷。

为保证结构方程模型的检验程度良好，所需样本量必须充足，样本容量的大小主要取决于潜变量和观测变量，变量与样本的数量二者需成正比。本节采用较为成熟的观点，即结构方程的问卷样本量要达到问题题项数目的 10 倍以上，本节的有效问卷样本将不少于 210 份。本节研究的问卷调查主要通过电子问卷的方式进行，一共收回 375 份问卷。剔除无效问卷的标准如下：①电子版问卷中答题时间少于 100 秒的剔除；②电子版问卷重复选项过多的。在剔除 24 份无效问卷后，有效问卷共有 351 份。本节研究收集到的问卷数量符合结构方程所要求的有效问卷样本数量。

五、数据分析与假设检验

（一）信度和效度分析

为保证问卷的有效性，需要对问卷的信度及效度进行测量。信度检验主要包括对量表的一致性及稳定性进行评估，即对受试者在接受测量后所展现的结果的差异性和相关关系进行评估，信度越高则可信度和有效程度越高。本节研究的各变量的信度系数在 0.816 到 0.869 之间，均大于 0.8，信度较高，问卷结果较好，总体变量达到了 0.848，信度较高。结构模型的评价基于结果的显著性及路径系数，显著性决定路径之间相互影响的程度；路径系数反映了研究问题和研究做出的假设的符合程度。由此，可评价结构方程的解释能力。本节研究利用 AMOS 得出的结果如表 3.17 所示。

表 3.17 结构方程模型路径系数

	路径关系	标准回归系数	C.R.	P	验证结果
H1	刺激—反应型＜--风险淡漠者	.573	5.109	.132	不通过
H2	犹豫—抉择型＜--风险淡漠者	-.235	-6.034	.141	不通过
H3	刺激—反应型＜--风险实用者	.589	4.347	***	通过
H4	犹豫—抉择型＜--风险实用者	-.122	-1.445	***	通过
H5	刺激—反应型＜--风险吝啬者	.217	3.004	***	通过
H6	犹豫—抉择型＜--风险吝啬者	-.569	-4.463	***	通过
H7	披露意愿＜--刺激—反应型	.672	9.783	***	通过
H8	披露意愿＜--犹豫—抉择型	-.122	-3.556	***	通过
H9	披露行为＜--披露意愿	.499	5.009	***	通过

注：*表示在 P<0.05 水平上显著，**表示在 P<0.01 水平上显著，***表示在 P<0.001 水平上显著。

将 H_1、H_2 删除优化后的结果如表 3.18 所示。

表 3.18 优化后的模型的路径系数

	路径关系	标准回归系数	C.R.	P	验证结果
H3	刺激—反应型＜--风险实用者	.589	4.347	***	通过
H4	犹豫—抉择型＜--风险实用者	-.122	-1.445	***	通过

续表

	路径关系	标准回归系数	C.R.	P	验证结果
H5	刺激—反应型<--风险吝啬者	.217	3.004	***	通过
H6	犹豫—抉择型<--风险吝啬者	-.569	-4.463	***	通过
H7	披露意愿<--刺激—反应型	.672	9.983	***	通过
H8	披露意愿<--犹豫—抉择型	-.122	-3.556	***	通过
H9	披露行为<--披露意愿	.499	5.009	***	通过

注：*表示在 P<0.05 水平上显著，**表示在 P<0.01 水平上显著，***表示在 P<0.001 水平上显著。

（二）假设检验

结构模型的评价基于结果的显著性及路径系数，显著性决定路径之间相互影响的程度；路径系数反映了研究问题和研究做出的假设的符合程度。由此，可评价结构方程的解释能力。本节研究的模型优化后利用 AMOS 得出的结果如表 3.19 所示。

表 3.19 本节研究模型适配度

类别	指标	中文释义	适配标准	本节研究适配值
绝对适配指标	x^2/df	卡方自由度比值	1~3	2.211
	GFI	适配度指标	>0.9	.911
	AGFI	调整后适配度指标	>0.9	.909

续表

类别	指标	中文释义	适配标准	本节研究适配值
	RMSEA	近似残差均方根	<0.08	.039
相对适配指标	NFI	规范适配指标	>0.9	.944
	CFI	比较适配指标	>0.9	.960
简约适配指标	PNFI	简约规范适配指标	>0.5	.833
	PGFI	简约规范适配指标	>0.5	.704

本节研究的假设检验结果如图 3.4 所示。

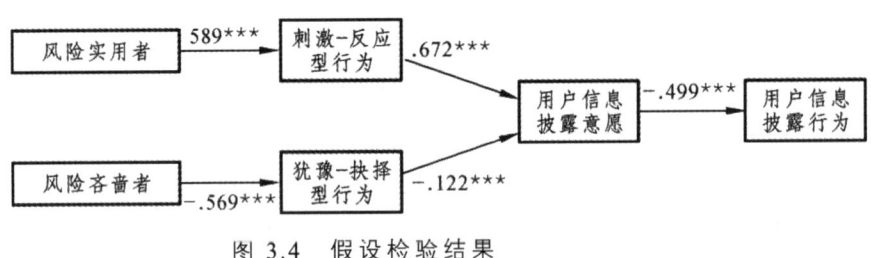

图 3.4 假设检验结果

六、结果讨论与研究启示

（一）结果分析及讨论

实证结果支持除 H1、H2 外的所有其他假设，具体分析如下。

（1）风险使用者设置对用户的刺激—反应型行为的正向影响关系成立，标准化路径系数为 0.589。风险实用者设置是为了让拥有风险偏好的用户在披露个人信息获取所需利益或相关服务时，将信息披露行为所获利益向最大化靠近，并在信息披露过程中达到个人信息使用途径的透明化。同时，可以帮助移动服务商向用户提供更加精准的推送服务，并对用户选择披露的信息进行更有针对性的保护，达到互利共赢的目的。

（2）风险使用者设置对用户的犹豫—抉择型行为负向影响关系成立，标准化路径系数为-0.122。用户在采用这种设置来进行信息披露时，这种设置能够最大限度减少用户的犹豫和担忧，因为用户是根据自己的风险偏好来选择要披露的信息类型以及授予服务商的信息使用权限。用户的犹豫—抉择型行为的减少，既给用户带来获取的利益，又打消了用户大部分的担忧。

（3）风险吝啬者设置对用户的刺激—反应型行为的正向影响关系成立，标准化路径系数为0.217。风险吝啬者设置是为了让拥有这种风险偏好的用户在需要披露信息时提高用户的披露意愿并降低担忧程度，让用户仅考虑几个特定的信息披露条件就可做出使用的决策，相应的刺激—反应型行为就会增加。移动服务商由此增加服务用户的数量，同时更精准地提供用户所需的服务。

（4）风险吝啬者设置对用户的犹豫—抉择型行为负向影响关系成立，标准化路径系数为-0.569。用户在采用风险吝啬者设置后，在披露信息时犹豫和思考是否值得披露信息的行为会减少，用户选择披露的信息是根据自己的风险偏好来选择的，用户的披露意愿上升，用户披露行为增加，犹豫—抉择型行为会同步减少。这既为用户获取了最大利益，也为移动服务商最大限度地发掘了用户，更加全面地保护用户的个人信息。

（5）刺激—反应型行为对用户信息披露意愿正向影响关系成立，标准化路径系数为0.672。此类行为仅需用户考虑几个重要的风险偏好设置事项就可做出是否披露信息的决定，用户顾虑降低，用户的披露意愿倾向于积极。

（6）犹豫—抉择型行为对用户的披露意愿负向影响关系成立，标准化路径系数为-0.122。此类行为让用户考虑信息披露行为带来的收益以及可能遭受的损失，随着不确定因素的增加，用户的披露意愿逐渐降低，用户的披露意愿倾向于消极。

（7）用户的披露意愿对用户的披露行为正向影响关系成立，标准化路径系数为 0.499。用户的披露意愿直接影响用户的披露行为，披露意愿越强，做出的披露行为越多；披露意愿越弱，做出的披露行为越少。

本节探讨了风险偏好设置对用户信息披露意愿和披露行为的影响，通过增加用户的安全感来提升用户的披露意愿，直接让用户参与到信息使用的过程中，使用户从被动接受披露变为主动接受，从而提高披露意愿，增加披露行为。

（二）研究启示

1. 理论贡献

（1）本节构建了计划行为理论框架下风险偏好设置对用户信息决策行为影响的量表及机理模型，其中包括风险实用者、风险客啬者、刺激—反应型、犹豫—抉择型、披露意愿、披露行为共 6 个变量。量表选取已有相关研究的成熟量表。设计的问卷通过了信度和效度检验，检验了模型的合理性。

（2）本节在计划行为框架中引入有限理性人假设理论，构建了有限理性人假设理论下的机理模型，探究了风险偏好设置对用户信息披露行为的影响。以往研究大多针对现有的信息保护方法进行实证研究，本节通过有限理性人假设理论从不同角度探讨了风险偏好设置对用户的信息披露意愿及披露行为的影响，丰富了该领域的研究，对后续研究提供了一定的参考。

2. 实践意义

基于上述分析，本节研究认为移动商务平台相应的信息保护措施应当做到以下几点。

（1）精简大篇幅的隐私政策内容，将隐私政策重要部分直观展示给用户，让用户更好地了解服务平台的隐私边界。

（2）设置风险偏好型的信息服务。用户根据个人的风险偏好来选择披露信息，将信息披露的自主权移交给用户，可以更好地提高用户黏性，产生更多的商业利益。

（3）用户信息用途透明化。移动商务平台应当对收集信息的用途进行逐一说明，并提供查阅途径，用户根据所需平台功能来披露个人信息，用户更愿意提供个人信息。

◇ 本章小结 ◇

本章结合隐私计算理论、风险管理理论、信息安全风险评估规范来构建移动商务用户个人信息决策行为机理理论模型和理论假设条件，通过量表开发、问卷调查收集样本数据，检验数据的信度和效度，利用结构方程模型对本书提出的关系假设进行实证和检验，从用户感知的角度来研究用户个人信息决策行为影响因素及用户感知风险因素，并进行实证分析。本章通过纸质问卷和"问卷星"两种形式发放调查问卷，共收回有效问卷512份，数据分析结果显示：技术风险、平台环境风险、平台运营管理风险、移动终端风险、用户自身脆弱风险正向影响移动商务用户感知披露个人信息风险；移动商务用户个人信息披露感知风险负向影响移动商务用户个人信息披露意愿，移动商务用户个人信息披露感知收益正向影响移动商务用户披露个人信息的意愿；移动商务用户披露个人信息意愿正向影响移动商务用户披露个人信息行为。

本章在研究移动商务用户个人信息决策行为内在机理的基础上，检验和识别了移动商务用户个人信息披露风险的影响因素，即移动商务环境下用户披露个人信息过程中感知到的风险主要有技术风险、平台环境风险、平台运营管理风险、移动终端风险和用户自身脆弱风险。最后，根据用户自身脆弱风险因素，从用户风险偏好设置的视角来探讨不同的风险偏好设置对用户信息决策行为的影响机理。本章的研究结论为第四章构建移动商务信息安全风险评价体系提供了理论支撑。

第四章

移动商务信息安全风险评价体系

上一章在研究移动商务用户个人信息决策行为内在机理的基础上实证检验了影响用户个人信息决策行为的影响因素，并识别、分析了移动商务用户个人信息披露风险因素。基于上一章研究结论，本章从风险识别研究视角出发，围绕移动商务用户个人信息风险因素来选取移动商务环境下用户信息安全风险评价指标，构建移动商务信息安全风险评价体系。

第一节 移动商务信息安全风险评价原则

移动商务用户信息安全风险评估可以通过对移动商务环境下用户信息的安全风险度量来准确定位用户个人信息所处的移动商务风险环境，深入剖析移动商务平台存在的信息安全风险问题和潜在的安全隐患，科学地探索移动商务平台当前安全策略存在的漏洞或不足之处，有针对性地提出风险防范措施和风险管理策略。移动商务用户信息安全风险评价指标的选取和评价体系的构建是有效进行风险评估的基础和前提，本节将明确移动商务用户信息安全风险评价指标选取的原则，并围绕移动商务用户信息安全风险因素进行梳理、研究，力求得到科学、有效、实用的评价指标，为用户信息安全风险评估工作提供有力的理论支撑。

在移动商务用户信息安全风险评价指标选取过程中，首要任务是明确风险评价指标筛选的原则，必须全面、系统地分析移动商务平台复杂环境中方方面面的风险因素，选取真正能够代表评价用户个人信息总体安全的指标，既要避免指标选取的片面性，也要避免冗余。基于此，移动商务信息安全风险评价指标的选取应当遵循以下几方面原则。

一、科学性原则

选取风险评价指标时，首先应遵循科学性原则，做到科学合理，选取的评价指标应该符合国际或国家信息安全相关的标准，具备一定的理论支撑，反映出移动商务信息安全风险的内在因素，尽量避免评价人员的主观好恶影响，才能保证风险评价结果的真实性和客观性。坚持科学性原则，确保风险评价指标的实效性，才能通过调查问卷或专家评分等方式获取可靠的风险评价样本数据，利用定性和定量相结合的风险评估方法得到准确、有效的评估结果。

二、全面性原则

移动商务信息安全受到多方面风险因素影响，既有移动商务平台自身技术方面存在的风险因素，也有平台运营管理、平台环境、人员等方面的风险因素。移动商务信息安全风险评估，就涉及多个指标的综合评价问题。基于此，在选取评价指标时，应从系统的角度出发，综合全面地梳理、分析各类风险因素的评价指标，筛选出可以全面反映风险现状的评价指标，避免遗漏重要的评价指标。

三、可操作性原则

选取的评价指标必须具备良好的可操作性，应具有可观察、可操作、可测量的特征，以便进行描述和测量。移动商务信息安全风险评价指标多是抽象的概念，筛选出来的评价指标应该易于描述，便于转换成可观测、可检验的变量，在调查问卷或专家评分过程中能够获得准确的量化数据，真实、直观地反映风险状况，降低样本数据采集的难度，提高风险评估的准确性和实效性。

四、一致性原则

选取的风险评价指标要与评估移动商务用户个人信息披露风险的目标一致，应避免选取非相关性评价指标，保证选取的评价体系客观、有效，为移动商务信息安全风险评估提供有力的理论支撑。

第二节 移动商务信息安全风险评价指标选取

根据评价指标选取原则，参考国内外学者对移动网络用户个人信息决策风险影响因素研究现状（见文献综述部分），信息安全风险评估规范（GB/T 20984—2007）中的威胁、脆弱分类表，信息安全风险管理理论中风险识别范围（环境、技术、管理、人员）以及上一章实证分析结果，本章选取了32个风险评价指标，并根据上一章实证检验的用户感知风险影响因素，将评价指标划分为5个维度，分别是技术风险、移动商务平台环境风险、移动商务平台运营管理风险、用户自身脆弱风险和移动终端风险。

一、技术层面风险

1. 数据加密技术[①]

数据加密是保障网络通信安全最基本的技术，主要是通过对

---

① 刘雅辉，张铁赢，靳小龙，程学旗.大数据时代的个人隐私保护[J].计算机研究与发展，2015，52（1）：229-247.

在网络中传输的数据进行加密来保障信息安全性。在个人信息保护策略中，其属于主动安全防御技术，能够限制网络上传输数据的访问权，保证数据在传输过程即便被拦截或者复制，攻击者也不能轻易地获取到用户的信息。但随着信息技术的不断发展，当前移动商务采用的数据加密算法设计不合理或存在被破解的漏洞，甚至在某种情况下数据加密技术可能会破坏数据结构，常规密码体系传输数据容易被截取，公开密钥加密速度不理想，对移动商务用户的信息保护构成威胁。

2. 网络入侵检测技术[①]

移动商务在实际应用过程中面临的网络层面的威胁大多来自非法入侵、恶意代码攻击等。为了解决该问题，通常需要采用网络入侵检测。入侵检测是一种积极主动保障系统安全的技术，主要通过对网络的实时监视，有效感知网络攻击，为安全管理人员提供响应决策。伴随着互联网的高速发展，入侵检测技术不断面对如海量高维数据、数据不平衡、实时监测等挑战，并且其在现实环境中运行时也暴露出一些问题：入侵检测系统既不能在入侵事件发生前向平台和用户进行预先报警，也不能在系统遭到入侵攻击后对入侵行为进行有效遏制；同时，创建和维护入侵检测的规则和模型是不易的。目前，网络入侵检测体系的主机型、网络型结构均存在系统弱点或漏洞，容易导致系统被攻击，从而丢失用户个人信息。

---

① 蹇诗婕，卢志刚，杜丹，姜波，刘宝旭.网络入侵检测技术综述[J].信息安全学报，2020，5（4）：96-122.

3. 身份认证技术①②

身份认证是对访问网络系统资源的网络实体（移动商务用户）进行身份确认，主要采用的认证技术有基于秘密信息的认证技术：数字签名技术、数字凭证技术、数字时间戳技术、数字摘要技术；基于物理安全性的认证技术：智能卡认证技术。身份认证技术是保证用户合法权益和网络系统安全运转的有效技术。在实际应用过程中，一方面，针对庞大的移动商务用户群，若不能将每一个用户的身份信息通过数字认证方式区别开来，则会给非法用户带来可乘之机，对用户信息安全构成威胁。另一方面，授权信息和在线身份认证证书存在被泄露窃取风险（例如，基于秘密信息认证的身份认证技术存在用户口令易被猜出，口令传输过程中容易被窃取；基于物理安全性的认证存在物理设备丢失等严重问题）。不同运营商和服务商有自己的授权与身份认证机制，机制的差异可能导致用户信息的泄露。

4. 访问控制技术③

访问控制是基于身份认证技术，通过对用户进行身份标识的预设，以此限制各类用户对信息资源访问的一种管理机制。其能够有效保证非法用户无法访问系统资源，防止合法用户非法滥用资源。但是，在传统访问控制中，自主访问控制策略的访问权难以控制，效率低下；强制访问控制策略存在逆向潜行信道，容易造成系统漏洞。基于角色的访问控制技术事件应用还很复杂。在

---

① 汪定，黄欣沂，沈超，李舟军.智能移动身份认证专题前言[J].计算机科学，2020，47（11）：3-4.
② 张富友，王琼霄，宋利.基于生物特征识别的统一身份认证系统研究[J].信息网络安全，2019（9）：86-90.
③ 李艳.基于数据挖掘算法的移动电子商务群体用户访问控制模型[J].现代电子技术，2020，43（4）：153-156.

访问控制的实际使用中，网络丢包率、数据加密效率、存储空间开销等因素影响访问控制效率，导致访问控制达不到预期效果，就会造成用户的个人信息被非法用户越权查看甚至被窃取。

5. 匿名化技术①

匿名化的数据集是个人信息保护中的重要手段。数据匿名化技术通过消除原数据集中数据所有人和其敏感数据之间的关系，产生既满足信息保护需求又同时保证数据可用的数据集。但随着数据挖掘技术的不断进步，已经出现了通过匿名化的数据集还原个体的案例，开始威胁到消费者的信息安全。

6. 轨迹信息隐藏技术②

轨迹信息是一种通过位置轨迹形成的包含用户个人信息的特殊数据。采用信息隐藏技术，将用户的轨迹信息隐藏能够保证用户的轨迹类信息不被黑客等攻击者轻易获取。但目前常用的技术中替换技术、变换技术、扩频技术等都或多或少存在技术缺陷，容易导致移动商务用户访问、购买、评论等记录的泄露。

7. 数据共享技术③

移动商务平台之间、平台与第三方应用之间通常需要进行数据共享，目前常用的数据共享交换手段有触发器技术、数据授权技术、ETL技术、ESB技术。但这些移动商务数据共享技术还存在标准不统一、体系不够完善等缺点，在数据交换过程中容易产

---

① 刘湘雯，王良民.数据发布匿名技术进展[J].江苏大学学报（自然科学版），2016，37（5）：562-571.
② 胡兆玮，杨静.轨迹隐私保护技术研究进展分析[J].计算机科学，2016，43（4）：16-23.
③ 盛小平，田婧，向桂林.科学数据开放共享中的数据质量治理研究[J].图书情报工作，2020，64（22）：11-24.

生移动商务用户的数据被泄露的风险。

8. 安全路由协议①

无线通信网络在高度移动的环境中优化路由和资源管理，为用户提供保障。但是，目前的路由协议在设计时并没有将安全因素考虑在其中，这就导致入侵者可以通过路由协议中存在的安全漏洞来获取用户个人信息，在实际使用中存在路由节点被捕获、拒绝服务、重放、完整性、虚假路由等多方面的攻击，存在移动商务用户个人信息可能被在线篡改、窃听、伪造的风险。

9. 污点追踪技术②

污点追踪技术是指对移动商务用户当前使用的移动商务平台的敏感信息进行污点标记，实时追踪污点数据在移动商务平台的使用过程，一旦发现污点数据存在被泄露、窃取风险，就立即采取相应的信息保护措施来保障个人信息安全。但目前如"T-Tracker"基于日志文件的追踪技术手段也只能获取前一天的数据，很少能做到真正的动态污点跟踪，依旧存在着技术缺陷，也对移动商务用户个人信息安全造成一定风险。

10. 异常检测技术③

异常检测是通过数据挖掘等手段来识别移动商务平台数据中不匹配预期模式的"异常点"。通常，异常数据会引起银行欺诈、文本错误等风险问题。但异常检测存在诸多难点，如占用大量计算机资源、判断"异常点"行为的逻辑难度大，容易造成漏

---

① 罗宇杰,张健,唐彰国,李焕洲.低功耗有损网络安全路由协议研究综述[J].计算机应用，2018, 38 (12) : 3462-3470.
② 贲永明,韩言妮,安伟,徐震.一种基于污点追踪的系统审计日志压缩方法[J].信息安全学报，2020, 5 (5) : 30-42.
③ 卓琳,赵厚宇,詹思延.异常检测方法及其应用综述[J].计算机应用研究，2020, 37 (S1) : 9-15.

判,也对移动商务用户个人信息安全构成威胁。随着大数据时代的到来,异常检测对高维数据检测效果不理想的问题越发严重。

二、平台环境层面风险

1. 数据共享交换[①②]

移动商务平台将其所收集到的用户信息进行共享交换时,可能是向指定的主体进行数据信息共享,也可能是向非指定的主体进行共享。向非指定用户进行数据共享时,容易出现信息泄露风险。此外,国内在信息共享中的法律缺陷,导致信息在共享交换的过程中容易信息传输失控,从而导致信息泄露。

2. 协议兼容[③④]

实现不同平台之间的网络通信时,不同平台可能采用不同的安全路由协议。未统一的协议存在不兼容时,可能导致用户的个人数据在网络传输时被泄露。

3. 管理制度硬性规定[⑤]

依据相关法律规定,移动商务用户在注册、使用移动商务平台时需要披露个人信息。例如,我国发布的《互联网用户账号名

---

① 曹曼曼,汪勉.大规模无线传感器网络异构数据交换方法仿真[J].计算机仿真,2019,36(5):345-348.
② 王利明.数据共享与个人信息保护[J].现代法学,2019,41(1):45-57.
③ 代新敏,谢晓尧.一种抗去同步的轻量级 RFID 双向认证协议[J].山东大学学报(理学版),2019,54(5):52-60.
④ 邓斌,石志东,房卫东,吴伊蒙,单联海.无线传感器网络安全多径路由协议研究[J].计算机应用与软件,2016,33(11):263-268.
⑤ 徐晓日,刘旭妍.论网络实名制下的个人数据保护[J].电子政务,2019(7):56-66.

称管理规定》提出要全面实行网络实名制，但实名制的基本原则是"前台自愿，后台实名"，通过手机号码进行间接实名，无法完全做到身份与人的一一对应。同时，有的移动商务平台通过平台管理规定、功能捆绑等强制、误导用户披露更多的个人敏感信息，如身份证、照片、喜好等。平台在收集、使用用户的敏感信息时存在泄露的风险。

4. 信息保护法律多元化[①]

不同国家和地区的信息保护法律会有所不同，甚至可能存在一定的冲突，信息保护法律的差异化对信息安全构成风险。例如Google这样的互联网公司在全球不同区域设有数据中心，信息保护相对薄弱的国家会对数据中心的用户个人信息构成更大的信息泄露风险。

5. 移动广告攻击[②][③]

移动广告精准投放是市场营销包括移动商务平台的重要手段，为了实现广告精准投放，第三方应用会千方百计地主动收集用户的个人数据（位置、浏览内容、兴趣爱好、使用习惯等），从而对用户个人信息安全构成威胁。

6. 定位服务[④]

移动商务平台大多开展了基于实时位置的服务，将主动收集

[①] 党玺.欧洲与美国隐私保护法律冲突的解决路径[J].中国社会科学院研究生院学报，2015（1）：85-89.

[②] Verena W., Eva R., Edith G. The privacy trade-off for mobile app downloads: The roles of app value, intrusiveness, and privacy concerns[J]. Decision Support Systems, 2018 (106): 44-52.

[③] 王持恒，陈晶，苏涵，何琨，杜瑞颖.基于宿主权限的移动广告漏洞攻击技术[J].软件学报，2018，29（5）：1392-1409.

[④] 王璐，孟小峰.位置大数据隐私保护研究综述[J].软件学报，2014，25（4）：693-712.

用户的位置信息和运动轨迹，从而导致用户个人信息泄露风险。

三、平台运营管理层面风险

1. 移动广告审查①

在移动广告投放过程中，广告库直接对用户进行广告投放，移动商务平台缺少对广告信息的审查，并且宿主拥有的权限广告平台也拥有，因此经营商能够轻松地过度采集用户的个人信息。此外，基于宿主权限漏洞投放广告，也可能被入侵者利用，从而破解平台数据和获取用户个人信息。

2. 位置信息监控②

移动商务经营商提供位置服务时，移动商务平台缺少对位置信息数据的有效管理，经营商可以通过数据挖掘技术从用户提供的信息中非法获取用户的敏感信息。

3. 信息管理机制③

在移动商务平台运营管理过程中，信息管理机制不健全，移动商务运营商、经营商和用户各自承担的信息管理职责不够明确，导致一系列不必要的信息矛盾或纠纷产生。

4. 监管与惩戒体系

移动商务平台的监管措施不力，没有完善的监管、惩戒体系来约束平台的行为，甚至不重视移动商务平台的监管与惩戒，导

---

① 王持恒，陈晶，苏涵，何琨，杜瑞颖.基于宿主权限的移动广告漏洞攻击技术[J].软件学报，2018，29（5）：1392-1409.
② 李延舜.位置何以成为隐私？——大数据时代位置信息的法律保护[J/OL].法律科学（西北政法大学学报），2021（2）：1-12.
③ 相甍甍，王晰巍，贾若男，王雷.移动商务中消费者个人隐私信息披露风险评价体系[J].图书情报工作，2018，62（18）：34-44.

致非法用户滥用、泄露用户个人信息。

5. 内部人员威胁

内部人员可以直接获取用户的敏感信息，内部人员因非法利益或操作不当泄露移动商务用户的个人信息。

6. 第三方信息收集[①]

移动商务平台在运营过程中会在第三方平台布置接口或者接入某些第三方服务，移动商务用户在使用这些服务时，通常会被要求授权个人信息，此类第三方移动应用平台可以收集、使用用户提供的敏感数据，容易对用户个人信息安全构成威胁。

四、用户自身脆弱风险

1. 信息保护意识[②]

移动商务用户对信息安全认识不足，信息安全意识不强，如在上网时随意点击不明链接，导致移动设备受到病毒攻击，造成个人信息泄露。

2. 信息入侵经验[③]

移动商务用户缺乏应急处理被入侵的经验和技能，导致个人设备被入侵，造成个人信息泄露。

[①] 田波，郑羽莎，刘鹏远，李春好.移动 APP 用户隐私信息泄露风险评价指标及实证研究[J].图书情报工作，2018，62（19）：101-110.

[②] Ampong G., Mensah A., A. S. Y., et al., Examining Self-Disclosure on Social Networking Sites: A Flow Theory and Privacy Perspective [J]. Behavioral sciences, 2018, 8（6）: 58-75.

[③] 潘平，毛新月，周惠玲，黄亮.基于博弈论的信息安全风险管理信念研究[J].数学的实践与认识，2018，48（13）：120-131.

3. 信息关联设置①

移动商务用户为图方便而授权同一身份信息（支付宝、微信等）登录不同的移动商务平台，或者用同一个平台登录多个账号并接收消息，当其中一个高风险的移动商务平台或账号泄露数据后，所有关联的移动商务平台和账号数据都可能泄露。

4. 简单密码设置②

移动商务用户为了方便记忆设计简单、有规律的密码，账号容易被破解，从而导致个人信息泄露。

5. 污点数据识别③

移动商务用户对高风险插件、恶意网站等被标记为"被污染"的数据认知有限，容易下载、访问不被信任数据信息，从而导致个人信息被泄露。

6. 权限设置④

移动商务用户开放过多的权限或高风险的权限，使用户数据受到威胁。

五、移动终端风险

1. 敏感数据保护⑤

移动终端本身存在一定漏洞，在信息保护措施不多、更新不

---

① 朱光，丰米宁，陈叶，杨嘉韵.大数据环境下社交网络隐私风险的模糊评估研究[J].情报科学，2016，34（9）：94-98.
② 朱光，丰米宁，陈叶，杨嘉韵.大数据环境下社交网络隐私风险的模糊评估研究[J].情报科学，2016，34（9）：94-98.
③ 任玉柱，张有为，艾成炜.污点分析技术研究综述[J].计算机应用，2019，39（8）：2302-2309.
④ 邝青青.基于个人隐私泄露的风险评估[D].贵州大学，2016.
⑤ 周彦伟，杨波，张文政.普适计算环境下的安全访问模型[J].电子学报，2017，45（4）：959-965.

及时、资金投入不足时，容易导致敏感数据受到外部威胁。

2. 污点数据控制[1]

移动终端被来自移动网络中不被信任数据污染后，没有及时进行控制、隔离，进而触发程序的漏洞，导致移动商务平台数据泄露。

3. 权限控制[2]

移动终端在使用时强制要求用户开启某些风险高或过多权限，甚至用户关闭某些权限后，仍旧会产生流量数据，导致用户个人信息泄露。移动设备特有的通讯录包含大量的通话记录、短信联系人信息等，这些信息一旦泄露，后果会很严重。

4. 恶意事件提醒[3]

移动终端监测功能不完善，没有提醒风险环境和恶意攻击的功能，用户操作过程中容易造成用户信息泄露。

第三节 移动商务信息安全风险评价体系构建

根据上面从 5 个维度中选取的 32 个移动商务信息安全风险评价指标，本章构建了移动商务信息安全风险评价体系，如表 4.1 所示。

---

[1] 胡英杰，张琳琳，赵楷，方文波，于媛尔.基于静态污点分析的 Android 隐私泄露检测方法研究[J].信息安全学报，2020，5（5）：144-151.

[2] 吴敬征，武延军，罗天悦，武志飞，杨牧天，王永吉.一种基于权限控制机制的 Android 系统隐蔽信道限制方法[J].中国科学院大学学报，2015，32（5）：667-675.

[3] 王丽娜，谈诚，余荣威，尹正光.针对数据泄漏行为的恶意软件检测[J].计算机研究与发展，2017，54（7）：1537-1548.

表 4.1 移动商务信息安全风险评价体系

目标	维度	评价指标
移动商务信息安全风险	技术风险	数据加密技术
		网络入侵检测技术
		身份认证技术
		访问控制技术
		匿名化技术
		轨迹信息隐藏技术
		数据共享技术
		安全路由协议
		污点追踪技术
		异常监测技术
	平台环境风险	数据共享交换
		协议兼容
		管理制度硬性规定
		信息保护法律多元化
		移动广告攻击
		定位服务
	平台运营管理风险	移动广告审查
		位置信息监控
		信息管理机制
		监管和惩戒体系
		内部人员威胁
		第三方信息收集
		信息保护意识

续表

目标	维度	评价指标
	用户自身脆弱风险	信息入侵经验
		信息关联设置
		简单密码设置
		污点数据识别
		权限设置
	移动终端风险	敏感数据保护
		污点数据控制
		权限控制
		恶意事件提醒

◇ 本章小结 ◇

本章在第三章有关用户感知风险因素定性研究结论基础上，结合文献综述中移动网络用户信息安全风险因素研究现状，根据风险管理理论，按照"风险识别—风险评估—风险控制"的研究思路，对移动商务用户信息安全风险进行识别。结合移动商务风险环境提出了移动商务用户信息安全风险评价指标选取的四方面原则，依据评价原则、风险管理理论中风险识别范围、信息安全风险评估标准中的威胁性和脆弱性分析表以及文献综述中移动网络用户信息安全风险因素，从技术风险、移动商务平台环境风险、移动商务平台运营管理风险、移动终端风险、用户自身脆弱风险等 5 个维度提出 32 个移动商务信息安全风险评价体系，识别移动商务环境下用户信息安全风险因素和风险评价指标。

第五章

基于模糊综合评价和 BP 神经网络的风险评估

本章结合国内外学者关于移动网络用户信息安全风险评估方法的研究现状，提出经典的评价方法：基于模糊综合评价法和 BP 神经网络的风险评估方法。依据移动商务平台市场情况，提出检验风险评估方法的代表性案例，针对基于模糊综合评价法和 BP 神经网络的风险评估方法进行实证分析，进一步检验评估方法的可靠性和有效性。

第一节 研究方法分析

近年来移动用户呈爆炸式增长，人们的各种消费和商务行为都可以被各式各样的移动商务 App 覆盖，生活愈加便利。在移动商务平台为人们生活带来便利的同时，风险也伴随其中。一方面，各类移动商务平台为了更好地了解用户需求以便推行个性化服务，需要大量收集用户信息。然而，有时会因为保护措施不力、内部人员威胁、用户信息保护不强等使用户个人信息泄露。另一方面，用户对移动商务平台的授权会让用户个人信息面临被恶意软件操作利用的风险，甚至出现用户个人信息被窃听、盗取，从而导致用户财产、人身安全受到威胁。基于此，本章将采用经典的风险评价方法来构建移动商务信息安全风险评价模型，对移动商务信息安全风险进行评估，并从各个风险维度分析移动商务信息安全风险因素，从而帮助用户提前发现信息安全风险和选择风险可控的移动商务平台，指导移动商务运营商有针对性地采取风险管理措施，保护移动商务信息的安全。

移动商务信息安全风险的评价是一个多目标、多层次的问题，众多风险因素和用户信息安全风险本身的关系又十分复杂，难以通过简单的线性模型将其联系起来。因此，可以使用具有非线性、实时更新、自学习等优点的BP神经网络来拟合移动商务信息安全风险因素之间的关系。

层次分析法、模糊综合评价法、BP神经网络法是经典的风险评价方法。[①]模糊综合评价法可以对主观因素进行综合评判，通过精确的数学手段较好地解决主观因素量化困难的问题，可以对模糊性的数据资料做出比较科学、合理的量化评价。但模糊综合评价法计算复杂，在指标过多的情况下往往难以区分指标的重要程度，致使计算的权数存在一定的偏差，直接影响结果的准确性。因此，可以借助BP神经网络法形成复合评价模型，对评价结果进行修正，进一步提高评价结果的准确率。BP神经网络法具有较强的自学习、自适应能力，能够以任意精度向任何非线性连续函数逼近。但BP神经网络训练所需的样本数据量较大，如果模型过于复杂或者训练所需的数据量没有达到要求，就容易导致训练后的模型出现过拟合现象，严重影响模型预测结果的准确性。

基于上述分析，为了降低BP神经网络对数据量的要求，提高移动商务用户个人信息安全风险模型的可用性和泛用性，本节在现有研究的基础上提出一种基于经典评价方法的风险评估方法——基于模糊综合评价和BP神经网络的风险评估方法。该方法

---

① 周平. 云服务可用性和可靠性测评与优化方法[D].北京邮电大学，2019.

将 BP 神经网络与模糊综合评价法相结合,可以实现神经网络的样本识别、模糊处理、自学习和优化,进一步提升神经网络的效率和准确率,既能够在较少的样本量下保持较高的性能,也能保证结果的真实性、客观性。

第二节 风险评估方法

一、风险评估模型

本节使用模糊综合评价和 BP 神经网络相结合的方法来对移动商务信息安全风险进行评估,评估模型如图 5.1 所示。

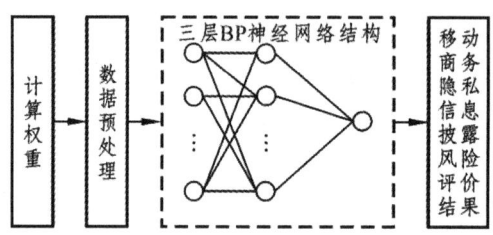

图 5.1 移动商务信息安全风险评估模型

本节构建的移动商务信息安全风险评估模型,需要使用模糊综合评价法预处理数据,随后使用 BP 神经网络进行预测,最后得到风险评价结果。在风险评估过程中,模糊综合评价法主要有两点作用:一是对样本数据进行预处理,简化输入神经元的数量,加速神经网络的训练速度以提高准确率。二是提供 BP 神经网络训练的目标值数据。而 BP 神经网络的主要作用则是利用预处理过的数据进行训练,从而实现对平台的移动商务信息安全风险的精准预测,以达到客观真实反映平台风险的目的。

二、评价指标权重计算

在模糊综合评价法中,为了避免模型有过多的主观性,通常采用层次分析法确定评价指标间的权重。因此,在建立评价模型之前,需要建立移动商务信息安全风险的层次结构评价模型。层次分析法是一种利用科学的方式将决策者的思维和决策过程规范化、数量化的研究方法。将一些难以量化的复杂决策问题,通过简单的计算使决策结果以显而易见的权重的方式显现出来,方便决策者确认选择结果。层次分析法是确定权重的经典方法,步骤如图5.2所示。

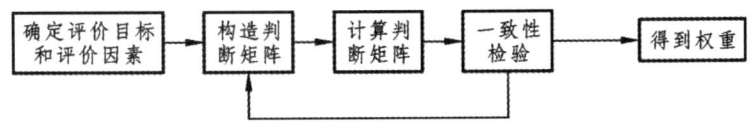

图 5.2 层次分析法确定权重步骤

由上图可见,层次分析法的主要步骤如下。

(1)建立层次结构评价模型。针对具体问题进行分析,将问题层次化,确定评价目标和评价因素,构造一个层次分明的结构评价模型。

(2)构建评价矩阵。采用专家打分法,邀请多名专家对该层次结构模型的重要性进行打分,多角度反复比较,从而寻找出一个成立的重要性排列顺序。

(3)一致性检验。为了避免评价矩阵产生的排列顺序有逻辑矛盾,需要对该评价矩阵进行一致性检验,以决定是否需要修改评价矩阵。

(一)构建移动商务信息安全风险层次结构模型

本节参照表 4.1 移动商务信息安全风险评价体系来构建移动

商务信息安全风险层次结构模型。层次结构模型以移动商务信息安全风险为目标层次,准则层包括技术风险、平台环境风险、平台运营管理风险、用户自身脆弱风险以及移动终端风险,指标层包含 32 个风险评价指标。移动商务信息安全风险层次结构模型如表 5.1 所示。

表 5.1 移动商务信息安全风险层次结构模型

目标层 A	准则层 B	指标层 C
移动商务信息安全风险 A_1	技术风险 B_1	数据加密技术 C_{11}
		网络入侵检测技术 C_{12}
		身份认证技术 C_{13}
		访问控制技术 C_{14}
		匿名化技术 C_{15}
		轨迹信息隐藏技术 C_{16}
		数据共享技术 C_{17}
		安全路由协议 C_{18}
		污点追踪技术 C_{19}
		异常监测技术 C_{1x}
	平台环境风险 B_2	数据共享交换 C_{21}
		协议兼容 C_{22}
		管理制度硬性规定 C_{23}
		信息保护法律多元化 C_{24}
		移动广告攻击 C_{25}
		定位服务 C_{26}
	平台运营管理风险 B_3	移动广告审查 C_{31}
		位置信息监控 C_{32}

续表

目标层 A	准则层 B	指标层 C
		信息管理机制 C_{33}
		监管和惩戒体系 C_{34}
		内部人员威胁 C_{35}
		第三方信息收集 C_{36}
	用户自身脆弱风险 B_4	信息保护意识 C_{41}
		信息入侵经验 C_{42}
		信息关联设置 C_{43}
		简单密码设置 C_{44}
		污点数据识别 C_{45}
		权限设置 C_{46}
	移动终端风险 B_5	敏感数据保护 C_{51}
		污点数据控制 C_{52}
		权限控制 C_{53}
		恶意事件提醒 C_{54}

（二）构建判断矩阵

移动商务信息安全风险层次结构模型构建后，建立判断矩阵。判断矩阵中的数值表示两两要素之间相对重要性判断，采用专家打分的方式来构建判断矩阵。本章选取 8 位专家依据专业技能、工作经验等对移动商务信息安全风险的打分，针对 8 位专家的评分矩阵采用几何平均法进行综合计算，得到 6 个判断矩阵：1 个准则层的各维度 B_i 构建的判断矩阵和 5 个指标层的各指标 C_{ij} 构建的判断矩阵。考虑到篇幅原因，本节列出专家 1 针对准则层要素的评分矩阵，如表 5.2 所示。

表 5.2　专家 1 针对准则层要素的评分矩阵

	技术风险	平台环境风险	平台运营风险	用户自身脆弱风险	移动终端风险
技术风险	1	0.2	0.17	0.11	1
平台环境风险	5	1	0.5	0.11	3
平台运营管理风险	6	2	1	0.2	5
用户自身脆弱风险	9	9	5	1	9
移动终端风险	1	0.33	0.2	0.11	1

（三）一致性检验和计算权重

在对 8 位专家构建的评价矩阵进行综合计算之前，需要对专家构建的评分矩阵按照以下公式进行一致性检验：

$$CI = \frac{\lambda_{max} - n}{n-1}, \quad CR = \frac{CI}{RI}$$

其中 λ_{max} 为判断矩阵的最大特征根，n 为判断矩阵的阶，CI 的值越小，说明判断矩阵的一致性就越好。RI 为平均随机一致性检验，其标准值如表 5.3 所示。

表 5.3　平均随机一致性指标 RI 标准值

矩阵阶数	1	2	3	4	5	6	7	8	9	10
RI	0	0	0.52	0.89	1.12	1.26	1.36	1.41	1.46	1.49

CR 为矩阵的检验系数，如果 CR<0.1 则矩阵符合要求，如果 CR>0.1 则需要对矩阵合理性进行适当调整，保证其符合逻辑。

以准则层要素的判断矩阵为例，判断矩阵的 CI=0.0565，RI 经查表后可知为 0.89，因此 CR=0.0635<0.1，判断矩阵一致性良好，无需修改。本章对指标层指标的判断矩阵进行了一致性检验，均显示一致性良好。

据此，本章对移动商务信息安全风险层次结构模型的准则层和指标层权重进行计算，结果如表 5.4 所示。

表 5.4 移动商务信息安全风险评价指标权重

目标层	准则层 B_i	权重	指标层 C_{ij}	权重
移动商务信息安全风险 A_1	技术风险	0.0385	数据加密技术	0.2718
			网络入侵检测技术	0.2174
			身份认证技术	0.0835
			访问控制技术	0.1540
			匿名化技术	0.0623
			轨迹信息隐藏技术	0.0796
			数据共享技术	0.0313
			安全路由协议	0.0316
			污点追踪技术	0.0433
			异常监测技术	0.0253
	平台环境风险	0.1123	数据共享交换	0.4505
			协议兼容	0.1791
			管理制度硬性规定	0.1116
			信息保护法律多元化	0.0599
			移动广告攻击	0.1711
			定位服务	0.0278

续表

目标层	准则层 B_i	权重	指标层 C_{ij}	权重
	平台运营管理风险	0.1849	移动广告审查	0.5285
			位置信息监控	0.1008
			信息管理机制	0.0709
			监管和惩戒体系	0.0448
			内部人员威胁	0.1171
			第三方信息收集	0.1379
	用户自身脆弱风险	0.4790	信息保护意识	0.4486
			信息入侵经验	0.1655
			信息关联设置	0.0456
			简单密码设置	0.1822
			污点数据识别	0.0790
			权限设置	0.0790
	移动终端风险	0.1853	敏感数据保护	0.5293
			污点数据控制	0.3250
			权限控制	0.0750
			恶意事件提醒	0.0706

三、数据预处理

模糊综合评价法是利用模糊数学的一种评价分析方法，其原理就是模糊数学中隶属度概念的运用。其主要步骤是：确定一个模糊集合，选取适当的隶属度函数，使用相关的运算对集合中的元素进行定量地区分量化。因此，对于评价模糊的、难以量化的对象，模糊综合评价法可以对非线性关系进行综合评价，从而得到可以用于比较的量化结果。

本章采用模糊综合评价法对样本数据进行数据预处理，为了得到更加准确、客观的数据，需要将获得的样本数据按以下步骤处理。

步骤 1：建立评价指标因素集 U。因素集中的元素为移动商务信息安全风险层次结构模型中准则层的 5 个要素和指标层的 32 个评价指标。移动商务信息安全风险层次结构模型中目标层 A 的移动商务信息安全风险为评价结果，一级指标 $\{B_1, B_2, B_3, B_4, B_5\}$ 表示移动商务信息安全风险层次结构模型中准则层 B 的 5 个要素；二级指标集合为：$\{C_{11}, C_{12}, C_{13}, C_{14}, C_{15}, C_{16}, C_{17}, C_{18}, C_{19}, C_{1X}\}$，$\{C_{21}, C_{22}, C_{23}, C_{24}, C_{25}, C_{26}\}$，$\{C_{31}, C_{32}, C_{33}, C_{34}, C_{35}, C_{36}\}$，$\{C_{41}, C_{42}, C_{43}, C_{44}, C_{45}, C_{46}\}$，$\{C_{51}, C_{52}, C_{53}, C_{54}\}$，表示移动商务信息安全风险层次结构模型中指标层 C 的 32 个评价指标。

步骤 2：建立评语集 V。本章依据移动商务信息安全风险评价等级，将评语集划分为五个等级 V={很差，差，一般，良好，很好}，其中 V_i 表示第 i 个评语等级。评语等级对应的量化值如表 5.5 所示。

表 5.5 评语集量化表

等级（v_i）	很差	差	一般	良好	很好
分数	1	2	3	4	5

步骤 3：确定隶属度矩阵。移动商务信息安全风险指标体系中的大多数都为定性指标或抽象性指标，无法对移动商务信息安全风险进行直接、客观的测评。为了避免仅能让用户在自我体验的层面上感知移动商务信息安全风险，需要对移动商务信息安全风险层次结构模型中的每一个二级指标 C_{ij} 进行量化打分。可以从单一指标中观察移动商务信息安全风险程度对其模糊子集的隶属

度矩阵。求解隶属度向量是模糊综合评价法中最重要也是最基础的部分，需要使用隶属度函数求解出每个一级指标对评语集的隶属度来组成一个隶属度矩阵 R_i：

$$R_i \begin{bmatrix} r_{11} & r_{12} & \cdots & r_{1m} \\ r_{21} & r_{22} & \cdots & r_{2m} \\ \vdots & \cdots & & \vdots \\ r_{n1} & r_{n2} & \cdots & r_{nm} \end{bmatrix}$$

矩阵 R_i 中的第一行第一列元素 r_{11} 代表对于某个一级指标 B_i 中的第一个二级指标 C_{i1} 关于第一个评语 v_1 的隶属度。而构建隶属度矩阵，通常采用四种方法：例证法、二元对比排序法、专家经验法和模糊统计实验法。由于本章的样本数据来源为多人打分的调查问卷，为了保证模型数据的科学性和客观性，本章采用模糊统计实验法，以 5 位用户为一个打分组，从而避免因为个体认知水平差异而产生较大误差，如下公式所示：

$$r_{ij} \frac{\text{对} c_i \text{打分为} v_j \text{的用户数}}{\text{打分组用户数}}$$

步骤 4：模糊合成得到单因素评价矩阵。利用乘和模糊算子，将一级指标 B_i 中各二级指标的权重与 B_i 关于评语集的隶属度矩阵 R_i 进行合成，由此确定某平台单一指标的综合评价结果 C_{B_i}，如下式所示：

$$C_{Bi} = W_i \cdot R_i$$

步骤 5：使用准则层权重进行二级综合评价得到最终结果。利用乘和算子合成 C_{B_i} 和一级指标 B_i 间的权重，求出评价结果 C。

或将模糊向量单值化[①]，求出某一维度的评价结果C'_{Bi}，以便直接观察平台在某一维度的评价等级，如下式所示：

$$C'_{Bi} = \frac{\sum_{j=1}^{5} v_j C_{Bi}}{\sum_{j=1}^{5} v_j}$$

四、BP神经网络评价模型

BP 神经网络是一种使用误差后向传播更新权重从而达到学习效果的多重前馈型神经网络，是使用最广泛的一种神经网络模型。它基于后向传播算法，在迭代训练中不断更新权重，从而达到自学习的效果。结合移动商务信息安全风险评价模型的特点，本章采用三层 BP 神经网络结构，如图 5.3 所示。

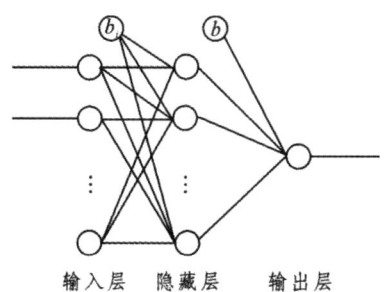

图 5.3 BP 神经网络结构

该网络主要有输入层、隐藏层以及输出层构成，各层由若干神经元构成，BP 神经网络实质上就是各层神经元之间的非线性映射。输入层的神经元个数就是数据的种类数，而输出层的神经元

---

① Oostwal E., Straat M., Biehl M. Hidden unit specialization in layered neural networks: ReLU vs. sigmoidal activation[J]. Physica A: Statistical Mechanics and its Applications, 2021（564）: 125-517.

个数则是目标值的种类数。各层的神经元之间使用权重和偏置值 b_i 相连,数据传输到隐藏层后,还需要使用激活函数对数据进行活化,即增加神经网络的非线性特征,使得神经网络有能力逼近任何函数从而运用到各类非线性模型中,BP 神经网络的过程如图 4.4 所示。

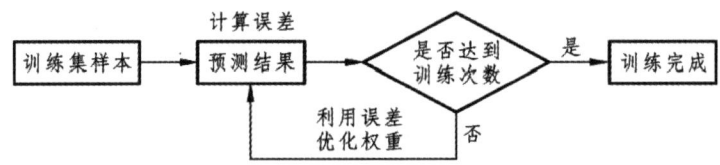

图 5.4　BP 神经网络训练过程

将数据输入 BP 神经网络的输入层神经元中,设 w_{ij},w_{ij}' 分别为输入层到隐含层以及隐含层到输出层的权重,b_1, b_2 分别为输入层和隐藏层的偏置量。因此 BP 神经网络的输入层为:

$$\text{inp}_j = x_j \tag{5.1}$$

隐含层的输入和输出为:

$$\text{net}_i^2 = \sum_{j=0}^{M} w_{ij} \text{inp}_j + b_1 \tag{5.2}$$

$$out_i^2 = f\left(\text{net}_i^2\right) \tag{5.3}$$

对于隐含层的激活函数函数本章使用 ReLU 函数:

$$f(\cdot) = \max(0, x) \tag{5.4}$$

对比常用的 Sigmoid 激活函数,ReLU 函数简化了网络的计算,并且可以有效提高网络的训练速度,ReLU 函数在实际测试中表现了良好的概括性。而 Sigmoid 函数在隐藏层神经元多于 3 个时的训练网络质量难以和 ReLU 函数相比,即使是在大样本下的训练依然表现不佳。[1][2]而 ReLU 函数因其单侧抑制的特性,会让神经元拥有更好的挖掘网络特征的功能,并且对比 Sigmoid 函数,ReLU 函数不会出现梯度消失的情况,模型的收敛速度可以保持稳定状态。

输出层的输出为:

$$\text{net}^3 = \sum_{i=0}^{Q} w'_{ij} out_i^2 + b_2 \tag{5.5}$$

$$out^3 = \text{net}^3 \tag{5.6}$$

上式中的 M 和 Q 分别为输入层和隐藏层神经元个数,并且由于本章的模型是数值回归模型,因此在输出层不需要使用激活函数。

BP 神经网络的主要特征就是其能利用误差进行反向传播,从而达到学习预测的目的,通常使用 GD(梯度下降算法)对权重和偏置量进行更新。首先需要进行的是损失的计算:

$$\text{Loss} = \frac{1}{2}\left(out^3 - ans\right)^2 \tag{5.7}$$

由上述公式可以得到输出层误差为:

$$\delta^3 = \frac{\partial L}{\partial \text{net}^3} = out^3 - ans \tag{5.8}$$

使用链式法则可算出隐藏层的误差以及其权重和偏置量关于损失的梯度:

---

[1] Oostwal E., Straat M., Biehl M. Hidden unit specialization in layered neural networks: ReLU vs. sigmoidal activation[J]. Physica A: Statistical Mechanics and its Applications, 2021 (564): 125517.

[2] 赵鸿图, 李成. 基于马尔科夫链的随机测量矩阵研究[J]. 计算机工程, 2020, 46 (4): 241-246.

$$\frac{\partial L}{\partial w'} = \frac{\partial L}{\partial \text{net}^3} \cdot \left(\frac{\partial \text{net}^2}{\partial w'}\right)^T = \delta^3 \cdot \text{out}^{3\ T} \quad (5.9)$$

$$\frac{\partial L}{\partial b} = \frac{\partial L}{\partial \text{net}^3} = \delta^3 \quad (5.10)$$

继续使用链式法则算出输入层节点权重和偏置量的梯度：

$$\frac{\partial L}{\partial w} = \frac{\partial L}{\partial \text{net}^2} \cdot \left(\frac{\partial \text{net}^2}{\partial w}\right)^T = \delta^2 \cdot \text{out}^{2\ T} \quad (5.11)$$

$$\frac{\partial L}{\partial b} = \frac{\partial L}{\partial \text{net}^2} = \delta^2 \quad (5.12)$$

由此反向传播过程结束，使用上文公式中得到的梯度，更新网络的权重和偏置量：

$$w = w - \eta \frac{\partial L}{\partial w} \quad (5.13)$$

$$b = b - \eta \frac{\partial L}{\partial b} \quad (5.14)$$

公式（4.16）中 η 为学习率参数，用来控制一次权重和偏置量更新的大小。本章在 SGD 的基础上还使用了动量进行优化，增加了模型的稳定性，使其训练速度更快并且拥有一定的摆脱局部最优现象的能力。

第三节 案例研究

一、案例介绍

本章将选取移动商务市场比较热销的移动商务终端 App 进行风险评价，验证上一节所提出的移动商务信息安全风险评估方法的可行性和有效性。本章选取三类不同性质的移动商务平台作为应用研究对象，分别从外卖类、移动支付类、购物类中各选一款移动商务平台。

《2020年中国外卖行业发展现状与趋势分析》数据显示，2019年我国外卖行业的交易额已经达到6035亿元，用户规模也达到了4.16亿人，外卖行业集中度较高，某移动商务平台A的市场占有率已高于65%，且呈不断扩大态势。因此，本章选择的第一个研究实例是为用户提供外卖、即时配送和餐饮供应链等业务的外卖平台A。因此，本章选择的第二个研究实例是为用户提供移动支付及金融理财业务的移动支付平台B。某移动商务平台C是当前注册用户最多的移动商务平台，本章选择的第三个实例是为用户提供商品和服务消费业务的购物平台C。以上三个移动商务平台均涉及身份信息、财务信息、位置信息、设备设置等信息，而且均是不同类型移动商务平台的典型代表，可以作为案例的典型来进行实证分析。

二、问卷设计

为了保证数据的客观性和普遍性，本章使用多人打分的问卷形式收集数据。在构建移动商务信息安全风险评估模型后，根据该模型设计问卷，使用陈述句来询问对移动商务平台风险评价指标的认知，增强受测用户的感受，方便其做出判断。问卷还使用了大量示例描述问题，避免受测用户想象过程中偏离问题的核心。

移动商务信息安全风险评估调查问卷分为两部分：上半部分为对受测用户背景资料的调查，包括年龄、性别、职业、文化程度等；下半部分为调查问卷对移动商务信息安全风险的测量，题项中使用"1-5"等级评分来表示对指标的评价，调查问卷的指标体系设计如表5.6所示。

表 5.6　移动商务信息安全风险调查问卷

维度	指标	编码	题项
移动商务信息安全风险 A_1	技术风险（Technical Risks）	TR1	平台对我们的信息加密保护不当（例如在我们的日常生活中和外卖员进行通话时，电话号码没有进行虚拟），导致出现信息泄露风险
		TR2	我听说某平台被黑客入侵过，我继续使用此平台会导致我的个人信息被泄露
		TR3	用户通过移动设备或不同移动终端设备进行访问平台，平台的密码、验证码、指纹、人脸识别等认证举措不多，导致我会因身份被冒充泄露信息
		TR4	平台没有对用户的访问权限分级管理，不同用户都能获得相同的平台信息，导致我的个人信息存在泄露的风险
		TR5	平台没有对用户数据进行匿名化处理（例如在一些平台发布评论，或其他东西时没有匿名发布选项），我的个人信息存在泄露风险
		TR6	平台没有对用户信息进行隐藏处理（例如访问记录、播放记录等信息没有隐藏），存在信息泄露的风险
		TR7	平台共享协议存在缺陷，导致未经我的允许，把我的个人数据非法共享给第三方平台，致使我的信息泄露
		TR8	现有的信息传输方法存在缺陷，导致我的个人信息受到被泄露的威胁

续表

维度	指标	编码	题项
		TR9	平台没有对非法用户传播的数据进行隔离,在合法用户使用时没有警示信息,导致我的信息存在泄露风险
		TR10	平台没有对用户提示当前操作风险,导致我的个人信息存在泄露风险
平台环境风险（Platform Environment Risks）		PER1	平台之间进行数据共享时,第三方平台滥用我的个人信息（广告推送、推销短信等）,导致个人信息泄露
		PER2	移动通信过程中存在信息传输方式的缺陷,导致我披露的个人信息被在线篡改、窃听和伪造
		PER3	平台强制实名（姓名、手机号、身份证等）,进而平台轻易收集到我的敏感数据,存在个人信息被滥用的风险
		PER4	在信息保护法律制度相对薄弱的国家和地区,我提供给平台的信息数据存在被泄露的风险
		PER5	平台强制或诱导我点击移动广告,窃取我的个人信息,导致信息泄露
		PER6	平台基于位置的服务过度收集、滥用我的位置信息,给我的个人信息带来泄露的风险
平台运营风险（Platform Management Risks）		PMR1	平台未对投放的移动广告进行审核甄别,导致恶意广告对我的个人信息构成威胁
		PMR2	平台未对用户的个人位置信息进行合理的权限管理,致使第三方轻易获取用户信息进行商业活动（基于地

续表

维度	指标	编码	题项
			理位置的广告推送等），给我的个人信息带来风险
		PMR3	平台信息管理机制不完善，会导致我的个人信息被泄露
		PMR4	平台内部监管措施不到位，对泄露用户信息行为的惩罚追责力度不够，导致平台泄露我的信息
		PMR5	平台对内部人员管理不善，致使内部人员会因非法利益诱惑或操作不当而泄露、滥用我的个人信息，给我的个人信息带来风险
		PMR6	平台因利益交换默许第三方（如微信小程序）收集我的信息，导致我的信息被滥用甚至泄露
	用户自身脆弱风险（User Vulnerability Risk）	UVR1	我在使用移动商务平台时，信息保护意识不足、安全意识不强，存在个人信息泄露的风险
		UVR2	我没有被入侵的相关经历，缺乏风险认知，在平台上随意披露个人信息，导致我面临信息泄露风险
		UVR3	我为了方便，在不同的平台使用或授权同一账号信息（微信、QQ等）进行登录，导致关联平台的个人信息面临被泄露的风险
		UVR4	我为了方便记忆而设置较为简单或有规律的密码，容易导致密码被破解，个人信息被盗用
		UVR5	我因为安装高风险插件、登录恶意网站后，忽视了潜在的风险，导致个人信息被窃取

续表

维度	指标	编码	题项
		UVR6	我会为了使用平台的某些个性化功能，向平台提供过多的权限（例如位置、通讯录、相机），导致个人信息泄露
移动终端风险（Mobile Terminal Risks）		MTR1	平台移动App存在安全漏洞，并且没有相关安全设置，对我的个人信息造成泄露风险
		MTR2	我的移动终端被恶意软件污染后，对个人信息造成泄露风险
		MTR3	平台移动App在未开启权限的情况下仍能访问数据，对我的个人信息造成风险
		MTR4	平台移动App没有提醒风险环境和恶意事件的功能（转账时非常用设备提醒，高风险访问终端提出警示信息），对我的个人信息造成泄露风险

调查问卷主要通过网络平台和现场发放，依次以三个移动商务平台（A、B、C）为问卷调查对象，采取随机发放的形式，共计发放问卷620份，回收有效问卷共计585份，其中平台A共215份，平台B共195份，平台C共175份，问卷回收率为94.35%>70%，因此，样本数据可以为本章提供数据支撑。[1]

三、数据集设计

（一）目标数据集设计

使用上节获得的数据，设置因素集 U、评语集 V，通过模糊

---

[1] 陶永明.问卷调查法应用中的注意事项[J].中国城市经济，2011（20）：305-306.

综合分析法将数据进行预处理。将585份问卷按照5个用户分成一个打分组，共有117组数据，其中平台A共43组，平台B共39组，平台C共35组。将这117组数据进行统计分析，得到因素集 U 关于评语 V 的隶属度矩阵。以下是对平台A中某一打分组关于用户自身脆弱风险对于其评语集的隶属度矩阵：

$$R_4 = \begin{bmatrix} 0.2 & 0.4 & 0 & 0.2 & 0.2 \\ 0 & 0 & 0.4 & 0 & 0.6 \\ 0.2 & 0.4 & 0.2 & 0 & 0.2 \\ 0 & 0.6 & 0.2 & 0 & 0.2 \\ 0 & 0.4 & 0 & 0.4 & 0.2 \\ 0.2 & 0.4 & 0.2 & 0 & 0.2 \end{bmatrix}$$

同理可得 R_1、R_2、R_3、R_5，将得到的隶属度矩阵使用乘和模糊算子 $M(\cdot,+)$ 进行模糊合成，对二级指标 B_i 的权重 W_i 与其隶属度矩阵 R_i 合成，由此确定平台A环境下的移动商务信息安全风险对于单一指标 B_i 的评价结果。该打分组对于移动商务信息安全风险评价模型中的用户自身脆弱风险的模糊综合评价为：

$$C_{B4} = W_4 \cdot R_4 = \begin{bmatrix} 0.11464 & 0.3702 & 0.12756 & 0.12132 & 0.26618 \end{bmatrix}$$

综合剩余四个指标的评价结果可以得到平台A的单因素评价矩阵：

$$C_B = \begin{bmatrix} 0.06778 & 0.18052 & 0.28654 & 0.09872 & 0.32306 \\ 0.1577 & 0.11698 & 0.1881 & 0.2885 & 0.24872 \\ 0.23788 & 0.19804 & 0.0545 & 0.0917 & 0.41788 \\ 0.11464 & 0.3702 & 0.12756 & 0.12132 & 0.26618 \\ 0.05824 & 0.29322 & 0.18586 & 0.015 & 0.34172 \end{bmatrix}$$

再将使用模糊向量单值化，结合评语集得到平台A关于用户自身脆弱风险的评价得分：

$$C'_{B_4} = \frac{\sum_{i=1}^{5} v_i C_{B_4}}{\sum_{i=1}^{5} v_i}$$

得到最后结果 C'_{B_4} = 3.054205，风险评价等级结果为"一般"。对于三个平台剩下的 116 组数据进行相同的计算处理，得到一组向量，将其作为神经网络的目标数据集。

（二）输入数据集设计

在一般的 BP 神经网络中，输出神经元输出的预测值体现的是关于输入数据与权重值的运算关系。那么，对于数据类型复杂的输入数据集，预测值将与更多的权重值相关，此时神经网络的准确度就会难以控制，网络达到理想误差的时间也会大大增长。解决这样的问题通常需要使用更大的数据量，以使神经网络能够找到其中的规律，往往现实条件的限制会导致无法凑足训练网络需要的数据量，而较少的数据不能让神经网络得到充分的训练，会出现低准确率或者过拟合的现象。本章使用的移动商务信息安全风险评估模型具有 5 个维度和 32 个指标，属于复杂模型，根据一般经验，需要 10～15 倍于三级指标数量的数据才能充分训练。为了保证模型的精确性和泛用性，本章使用模糊综合评价法对输入集进行优化，这样既能够使神经网络利用得到的数据进行充分训练，也能够避免模型丧失客观性。

因此，在得到数据的隶属度矩阵后，需要对隶属度矩阵进行一次模糊合成处理，进而得到其单一指标的模糊评价矩阵。以技术风险（TR）指标为例，可得到平台 A 关于技术风险指标的输入集和目标集数据，部分数据如表 5.7 所示。

表 5.7 技术风险维度部分输入数据集

编号	v_1	v_2	v_3	v_4	v_5	目标集
1	0.3566	0.2247	0.2021	0.0602	0.1565	2.4354
2	0.2062	0.0943	0.4178	0.2817	0	2.7749
3	0.2000	0.3837	0.2324	0.1840	0	2.4003
4	0.2016	0.3292	0.4385	0.0308	0	2.2984
5	0.2754	0.2669	0.2842	0.0370	0.1366	2.4925
6	0.0230	0.1263	0.3970	0.2206	0.2331	3.2439
7	0.0372	0.1609	0.1795	0.2667	0.3719	3.7630
8	0.2000	0.4069	0.1497	0.0435	0.2000	2.6366
9	0.0802	0.2460	0.4058	0.0681	0.2000	3.0618
...	...	...	...	...	...	...
43	0.0210	0.3650	0.1988	0.0891	0.3349	3.3489

四、模型实现

使用上文提出的移动商务信息安全风险评价指标作为神经网络的输入层，则需要设置 5 个输入神经元。并且，本章模型需要得到的是移动商务信息安全风险评价等级，所以只需要一个输出神经元。隐含层神经元个数的确定则需要使用试凑法，设输入层神经元数量为 n，输出层神经元数量为 m，其个数等于输入集数据的数目，隐含层神经元的个数 h 满足以下公式[①]：

[①] 沈花玉，王兆霞，高成耀，秦娟，姚福彬，徐巍.BP 神经网络隐含层单元数的确定[J].天津理工大学学报，2008（05）：13-15.

$$h = \sqrt{n+m} + a$$

式中：a 为 1~10 中的常数。在测试中，利用 MSE（均方误差函数）输出网络的误差，调整 a 的大小，选取误差最小时的节点数 13 作为隐藏层最佳的神经元节点数目。BP 神经网络的其他参数设置如表 5.8 所示。

表 5.8 神经网络超参数设置

BP 神经网络超参数	参数设置
训练次数	1000 次
学习率	0.01
一次训练选取的样本数	5
学习函数	Momentum+SGD 函数
激活函数	ReLU 函数
损失函数	MSE 函数

限于篇幅，这里以平台 A 为例，将上节处理过的 43 份数据按"二八定律"分成两份，随机抽取 30 份为训练样本集，将剩下的 13 份作为测试样本集。

将上述 30 组训练样本集输入神经网络中进行训练，得到输出样本集，其训练过程如图 5.4 所示。BP 神经网络训练的整体均方误差 E < 0.00001，训练集精度 96.6%。训练完成后，将 13 组测试样本集输入神经网络进行测试，测试样本集评价结果如表 5.9 所示。如图 5.5 所示，预测值和目标值基本一致，在误差允许的情况下，测试集精度达到 90%，网络性能符合要求。结果说明，本章建立的基于模糊综合分析法和 BP 神经网络的移动商务信息安全风险评价模型是可行的。

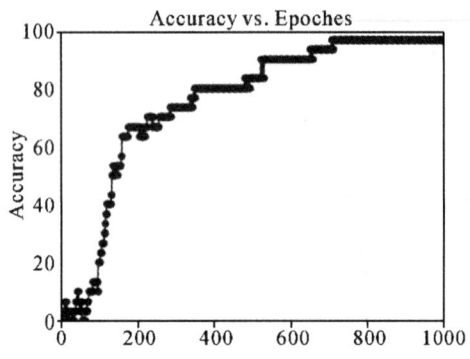

图 5.4 神经网络训练过程

表 5.9 测试样本集评价结果

编号	v_1	v_2	v_3	v_4	v_5	预测值	目标值	误差
1	0.3203	0.1896	0.0359	0.0544	0.4000	3.0213	3.0243	-0.0030
2	0.1149	0.1115	0.6868	0.0870	0	2.7478	2.7458	0.0020
3	0.2000	0.0567	0.1433	0.2000	0.4000	3.5447	3.5433	-0.0013
4	0.0063	0.4033	0.1687	0.0218	0.4000	3.4224	3.4059	0.0165
5	0.0890	0.3459	0.2080	0.3572	0	2.8403	2.8333	0.0070
6	0.1769	0.2619	0.1470	0.0142	0.4000	3.2009	3.1985	0.0024
7	0	0.0652	0.2829	0.2519	0.4000	3.9867	3.9869	-0.0002
8	0.0657	0.3009	0.3813	0.2523	0	2.8181	2.8201	-0.0020
9	0.1800	0.1114	0.2955	0.2679	0.1453	3.0841	3.0872	-0.0031
10	0.1219	0.1470	0.3252	0.2137	0.2019	3.2225	3.2245	-0.0020

续表

编号	v_1	v_2	v_3	v_4	v_5	预测值	目标值	误差
11	0	0.3241	0.4107	0.3653	0	2.9419	2.9411	0.0008
12	0.1804	0.2654	0.1505	0.0177	0.4035	3.2020	3.2020	0.0000
13	0.0146	0.5072	0.0655	0.0146	0.4005	3.2775	3.2785	-0.0010
			平均值			3.1777	3.1762	0.0015

从预测结果看,13 组测试样本的预测结果平均值为 3.1777,与目标值基本一致。平台 A 技术风险(TR)评价等级为"一般"。对于外卖平台 A 其他 4 个维度,同样使用模糊综合评价法进行相同的数据预处理操作,并输入神经网络中,其各自的训练过程如图 5.5 所示,各维度预测结果如表 5.10 所示。

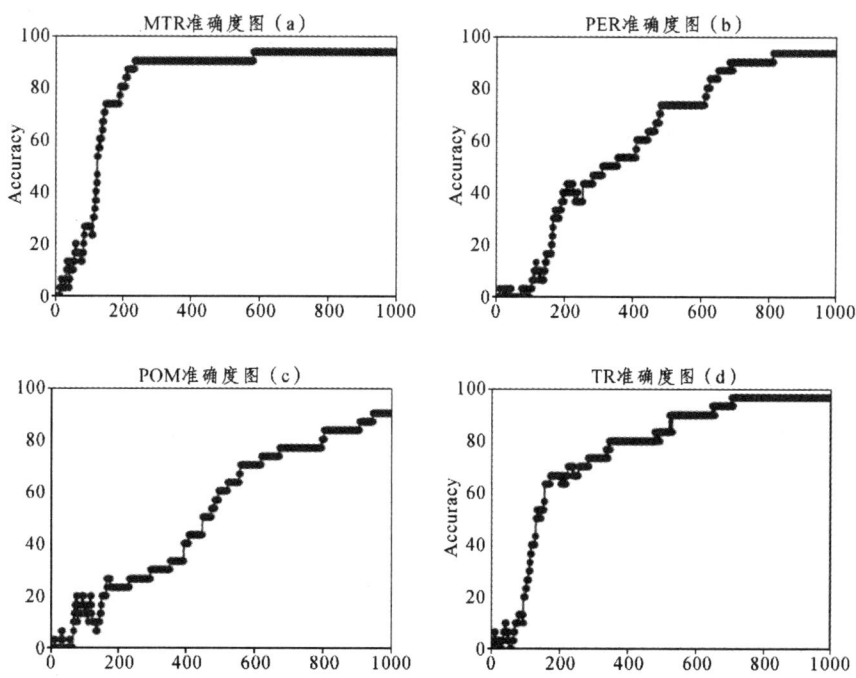

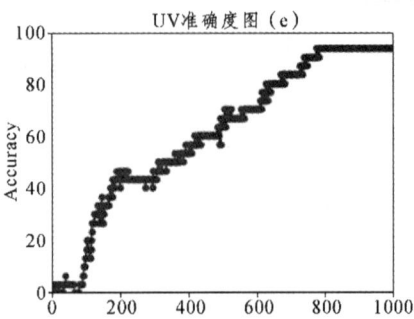

图 5.5 平台 A 的 5 个维度的准确度变化过程

表 5.10 剩余四个维度神经网络预测结果

编号	平台环境风险	平台运营管理风险	用户自身脆弱风险	移动终端风险
1	3.4304	3.0932	2.9079	3.3458
2	3.4994	3.6278	2.9760	2.8142
3	30971	3.0749	2.8556	2.9033
4	3.0489	3.0978	3.3842	3.2003
5	3.0948	3.0999	2.8689	3.0800
6	2.9981	2.7504	3.2500	2.8156
7	3.4746	2.7679	3.5515	3.6250
8	2.6714	3.3468	3.0769	3.5983
9	3.0072	3.0983	2.9079	2.8141
10	2.9602	3.3500	3.4029	2.9559
11	3.3172	3.6985	2.9549	2.8910
12	3.1004	2.9737	3.2878	3.3350
13	3.2191	3.9544	3.1024	3.2203
平均值	3.1476	3.1194	3.1174	3.1230

最后将 5 个维度的预测评价与上文所求出的各个维度的权重相乘，便可得到平台 A 环境下信息安全风险的预测评价：

$$C = W_i \cdot C_i = 3.1237$$

将平台 B、平台 C 的数据按照同样方式处理，运用神经网络预测。三类平台的预测评价结果如表 5.11 所示。

表 5.11 三类平台预测评价结果

平台名称	风险评价
平台 A	3.1237
平台 B	3.4889
平台 C	3.3503

案例中的三个移动商务平台各维度风险评价如图 5.6 所示。

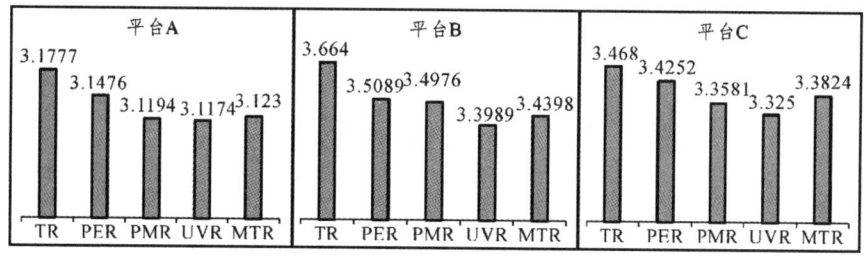

图 5.6 平台维度评价结果

五、结果分析

由表 5.11 可见，经过本章所建立的移动商务信息安全风险评估模型的预测，案例中的三个平台风险偏向"一般"，安全性依次为平台 B>平台 C>平台 A，平台 A 是此次对比分析中移动商务信息安全风险最大的移动商务平台。

由图 5.6 可见，三个平台风险得分最低的一项均为用户自身脆弱风险（UV）。另外，移动终端风险（MTR）也是可能造成移动商务信息安全风险的重要原因之一。

由此可见，一方面移动商务平台需要充分利用评价模型的预警作用，对自身安全措施进行排查，消除用户的不信任感，避免信息泄露事件的发生；另一方面，用户在享受平台提供的各项个性化定制服务时，也需要强化自身安全意识，防止个人信息因为自身的疏忽而泄露。另外，用户和平台也要重点关注移动终端的风险，以防恶意程序的利用，保障自身信息安全。

综上所述，本节构建的移动商务信息安全风险评价模型，通过神经网络的迭代训练实现对平台移动商务信息安全风险的评价，简洁明了地显示平台的风险程度以及风险项，为移动商务信息安全风险做出评价，指导移动商务用户选择风险可接受的移动商务应用，并为移动商务平台规避风险、保障用户信息安全提供有效支持。

第四节　方法优势及合理性

基于经典评价方法的风险评估方法——基于模糊综合评价法和 BP 神经网络的移动商务信息安全风险评估方法利用模糊综合评价法对样本数据进行预处理，对风险评价指标进行区分量化，简化输入神经元的数量，并为神经网络训练提供目标值数据，BP 神经网络通过模糊综合评价获取的评价结果也更具客观性和权威性，加速了神经网络的训练速度和准确率，也较好地解决了 BP 神经网络对输入、输出数据的需求问题，进一步提升神经网络的效率和准确率，既能够在较少的样本量下保持较高的性能，也能保证结果的真实性、有效性。

◇ **本章小结** ◇

本章根据风险管理理论中"风险识别—风险评估—风险控制"的研究思路,在移动商务用户信息安全风险识别基础上,结合文献综述中国内外学者关于移动网络用户信息安全风险评估方法的研究现状,提出了风险评估方法——基于模糊综合评价法和 BP 神经网络的移动商务信息安全风险评估方法。该方法利用模糊理论优化 BP 神经网络,在用户打分的基础上训练模糊神经网络,对移动商务信息安全风险的目标层和准则层进行风险评价。在用户评分的基础上实现神经网络的样本识别、模糊处理、自学习和优化,训练模糊神经网络对移动商务信息安全风险进行评价。

第六章

基于信息熵和马尔可夫链的风险评估

本章从风险评估研究视角出发，针对移动商务信息安全风险评价体系，提出一种新的定性与定量相结合的移动商务信息安全风险度量和评估方法——基于信息熵和马尔可夫的风险评估方法，并围绕风险评估方法重点阐述方法的理论依据、设计思路和计算步骤等。

第一节 研究方法分析

为了帮助移动商务用户更加合理、快速地选择信息安全风险可接受或可控的移动商务应用，在研究基于经典评价方法的移动商务信息安全风险评估之后，本章提出一种新的风险评估方法——基于信息熵和马尔科夫链的移动商务信息安全风险评估方法，建立风险评估模型，进行有效的信息安全风险度量和评估，为用户提供准确、定量的风险评估结果，从而达到保护用户信息安全的目的。

本章提出的移动商务信息安全风险评估方法是建立在理论基础之上，涉及信息论、数理统计、风险管理和系统科学等领域，属于跨学科的交叉研究。风险评估方法研究过程中贯穿着两个重要理论，分别是信息熵和马尔科夫链。

信息熵是信息论中一个重要理论，能够对抽象的信息进行量化，适用于针对随机不确定性事务的分析。根据系统科学的观点，可以将移动商务应用看作一个充斥着多方面不确定性因素的复杂系统。鉴于此，本章提出将信息熵的理论引入移动商务环境下信息安全风险评估的研究当中，借助其不确定性分析和量化计算的优势，在所提出的移动商务信息安全风险评价体系基础上，探索一种新的风险度量方法。

马尔科夫链是数理统计中的经典理论，泛指一种具有离散集和随机状态空间的过程，同样适用于针对具有随机过程的事务分析。在马尔科夫链中有两个重要概念：一个是事务的随机状态空间；另一个则是状态之间的转移矩阵。通过两者的结合，能够有效描述事务的随机状态及其转移过程，从而模拟其随机过程。在移动商务平台实际应用过程中，用户信息安全风险环境存在着多种随机状态，难以用一个固定的数值去代表移动商务平台在实际运作过程中的风险评估值。因此，考虑到移动商务平台的风险环境同样是一个具有随机状态空间的环境，本章将马尔科夫链的概念融入风险评估研究中，结合信息熵的度量方法，探索一种面向移动商务信息安全风险的动态评估方法。

综上所述，信息熵和马尔科夫链是本章风险评估方法研究的重要理论基础，一方面为用户信息安全风险的度量提供方法，另一方面解决移动商务平台实际运作过程的风险环境模拟问题。本章将立足于基础理论，通过风险度量、风险环境仿真、方法融合等循序渐进地展开移动商务环境下用户信息安全风险评估方法的研究。

第二节 风险评估方法

一、移动商务信息安全风险评估方法研究框架

本节以风险的评估为目标,提出将信息熵和马尔可夫链相结合,融入移动商务中用户信息安全风险的研究中,分别展开以下三部分的研究内容。该部分拟将信息熵和马尔科夫链整合到移动商务信息安全风险评估中,研究框架如图 6.1 所示。

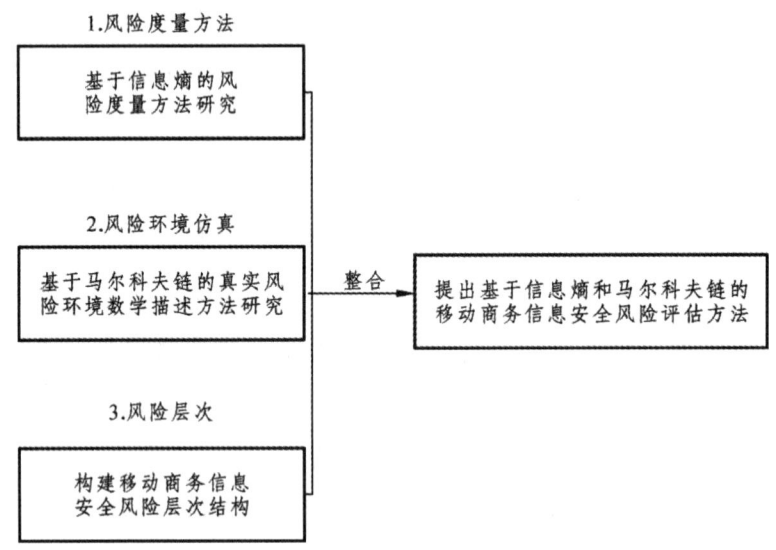

图 6.1 移动商务信息安全风险评估方法的研究框架

二、风险量化研究

信息熵在信息论中用来表示信息含量的多少,是一个变量不确定性的量化,反映出信源整体上的统计特征,是对总体平均不确定性的度量。香农(Shannon)定义的信息熵 $H(X)$ 的计算公

式为 $H(X) = \sum_{i=1}^{n} P(X_i) \log_2 P(X_i)$，$X_i$ 表示信源符号的第 i 种取值，$P(X_i)$ 表示信源符号第 i 种取值出现的概率。

移动商务信息安全风险的度量是本节研究的重要内容之一，用户信息安全风险度量的任务就是要量化整体模型、模型局部或单个指标风险的大小。鉴于用户信息安全风险是一个抽象的概念，定性的分析并不能够为用户提供可参考的评估结果。因此，如何有效降低度量用户信息安全风险过程中的人为主观偏差影响，是本节风险度量所需要解决的关键问题。为了能够有效地对移动商务中用户的信息安全风险进行度量，本章拟结合信息熵的方法从相反的角度对其进行描述，即利用信息熵不确定性分析的特点去描述用户的信息安全风险。如图 6.2 所示。

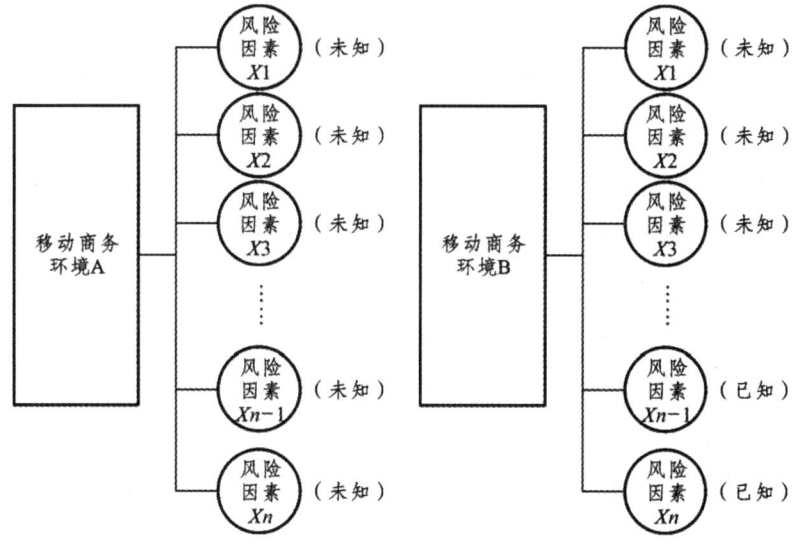

图 6.2 移动商务环境中两种极端风险因素的比较

假设某移动商务环境 A 中存在 n 个未知风险 X_i，$X = \{X_1, X_2, \ldots, X_n\}$ 越多，且风险发生的概率 $P(X_1) = P(X_2) = \cdots = P(X_n)$ 时，

根据信息熵公式，其熵值 $H(X) = \log_2 n$ 将达到最大，说明该应用存在的用户信息安全风险不确定性越高，风险的可控程度越低，其安全性越低；反之，假设某移动商务环境 B 仅存在一种未知风险时，且其余风险均为可控，则根据信息熵公式，其熵值 $H(X)$ 将达到最低，说明该应用存在的用户信息安全风险不确定性越低，风险基本可控，即安全性越高。

三、风险状态研究

以上仅提出了移动商务信息安全风险的有效度量方法，而要对移动商务中用户的信息安全风险进行评估，还需要结合其实际使用过程中的随机状态进行分析，才能保证评估结果的有效性。因此，在提出基于信息熵的用户信息安全风险描述方法后，本章将进一步结合马尔可夫链理论对移动商务使用过程中用户信息安全风险的复杂环境进行描述，从而实现对用户信息安全风险的有效评估。

马尔可夫链凭借其对随机过程描述的特征在不同研究领域得到了广泛的应用[1]，尤其是在描述随机过程状态、预测未来发展趋势等方面取得了许多新的研究成果。本章的研究对象移动商务信息安全风险环境正是一个存在多种随机可能状态的复杂对象，应用马尔可夫链可以更加准确地描述移动商务情景下用户信息安全风险的状态变化，解释风险变化特征，并计算出复杂的风险环境变化过程中各类风险发生的稳态概率，为用户信息安全风险的度量提供依据。

假设某移动商务共包含 n 个风险因素 X_i，则根据马尔可夫理

---

[1] 赵鸿图，李成.基于马尔科夫链的随机测量矩阵研究[J].计算机工程，2020，46（4）：241-246.

论，考虑到两两因素之间的相互影响，其复杂的风险环境可以描述为如下矩阵：

$$R = \begin{bmatrix} X_{11} & X_{12} & \cdots & X_{1n} \\ X_{21} & X_{22} & & X_{2n} \\ \vdots & & \ddots & \vdots \\ X_{51} & X_{52} & \cdots & X_{nn} \end{bmatrix}$$

矩阵 R 即为移动商务信息安全风险矩阵，其中对角线上元素 X_{ii} 表示实际应用过程中 X_i 风险因素单独发生的情况，而 X_{ij} 则表示实际应用过程中 X_i 和 X_j 风险因素同时发生的情况。

四、风险评估方法

移动商务情景下用户信息安全风险的有效度量解决了抽象风险的量化分析问题，而风险评估研究则是在风险度量基础上对移动商务信息安全风险环境进行量化评价、分析。本节采用的移动商务信息安全风险评估是一种定性和定量相结合的方法，通过对风险进行评估可以定量描述当前移动商务环境下用户信息安全的风险程度，为移动商务用户提供一个可供参考比较的评估结果，同时也能够为移动商务运营商管理、控制风险提供科学指导。本章提出基于信息熵的移动商务信息安全风险描述方法，通过马尔可夫矩阵描述移动商务的复杂风险环境。为了能够实现对移动商务信息安全风险多维度、多层次的仿真分析，还需要进一步建立风险的层次结构，如图 6.3 所示。

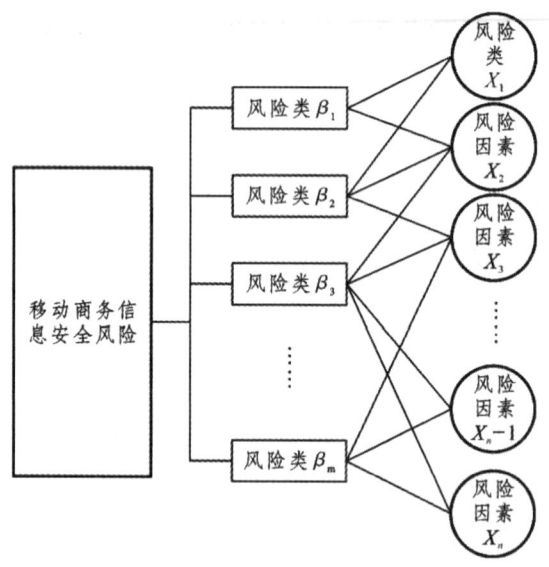

图 6.3　移动商务信息安全风险层次结构

该结构共包含 3 个层次，分别为目标层 A、风险类层 β 和风险因素层 X，其中每一个风险类都包含若干个风险因素，且两两风险类之间势必会存在共有的风险因素，这与真实的风险环境相符。针对该结构，本章将采用自底向上的评估方法，用 $P(X_i)$ 表示第 3 层风险 X_i 发生的概率，从而根据所划分的类别，通过归一化处理分别计算得到不同类别下风险发生的概率 $P(X_{ij})$，$i,j = 1,2,\ldots,n$，并将其代入矩阵 R 中，进一步得到移动商务信息安全风险的状态转移矩阵 $P(R)$。

假设某移动商务包含两类风险类 β_1 和 β_2，它们所包含的风险因素如表 6.1 所示。

表 6.1　风险类别及包含的风险因素

风险类别	风险因素
β_1	X_1, X_2, X_3
β_2	X_3, X_4

根据表 6.1 所划分的类别，β_1 单独包含的风险因素只有 X_1 和 X_2，β_2 单独包含的风险因素只有 X_4，而 X_3 为 β_1 和 β_2 共同包含的风险因素，则可以计算得到其状态转移矩阵。

$$P(R) = \begin{bmatrix} P(\beta_{11}) & P(\beta_{12}) \\ P(\beta_{21}) & P(\beta_{22}) \end{bmatrix} = \begin{bmatrix} \dfrac{1}{\sum_{i=1}^{3} P(X_i)} P(X_1) + P(X_2) & \dfrac{1}{\sum_{i=1}^{3} P(X_i)} P(X_3) \\ \dfrac{1}{\sum_{i=1}^{4} P(X_i)} P(X_3) & \dfrac{1}{\sum_{i=1}^{4} P(X_i)} P(X_4) \end{bmatrix}$$

（6.1）

同理，根据公式（6.1），假设某移动商务共包含 m 个风险类，β_i，n 个风险因素 X_i，则可以根据其所划分的类别，得到该移动商务应用的信息安全风险转移矩阵 $P(R)$。

$$P(R) = \begin{bmatrix} P(X_{11}) & P(X_{12}) & \cdots & P(X_{1m}) \\ P(X_{21}) & P(X_{22}) & & P(X_{2m}) \\ & \vdots & & \vdots \\ P(X_{51}) & P(X_{52}) & \cdots & P(X_{nn}) \end{bmatrix}$$

（6.2）

假设在长期使用过程中，各类 β_i 的稳态概率为 $\hat{P}\beta_i$，$i = 1, 2, \cdots, m$ 它表示的是某风险类在长期稳定的使用过程中可能发生的概率，是通过马尔可夫方法计算得到的一种稳定概率。根据马尔可夫方法，$\hat{P}\beta_i$ 与状态转移矩阵 $P(R)$ 之间满足以下方程：

$$P(R) \begin{cases} \hat{p}\beta_1 = P\beta_{11} P\hat{p}\beta_1 + P\beta_{12} P\hat{p}\beta_2 + \cdots + P\beta_{1m} P\hat{p}\beta_m \\ \hat{p}\beta_2 = P\beta_{21} P\hat{p}\beta_1 + P\beta_{22} P\hat{p}\beta_2 + \cdots + P\beta_{2m} P\hat{p}\beta_m \\ \hat{p}\beta_3 = P\beta_{31} P\hat{p}\beta_1 + P\beta_{32} P\hat{p}\beta_2 + \cdots + P\beta_{3m} P\hat{p}\beta_m \\ \quad\quad\quad \cdots\cdots \\ \hat{p}\beta_m = P\beta_{n1} P\hat{p}\beta_1 + P\beta_{n2} P\hat{p}\beta_2 + \cdots + P\beta_{nm} P\hat{p}\beta_m \\ 1 = \hat{p}\beta_1 + \hat{p}\beta_2 + \cdots + \hat{p}\beta_m \end{cases}$$

（6.3）

通过求解方程组即可得到某移动商务应用长期稳定使用过程中，各类风险发生的概率 $\hat{P}\beta_i = P\hat{p}\beta_1 + P\hat{p}\beta_2, \cdots, P\hat{p}\beta_m$，$\sum_{i=1}^{m}\hat{p}\beta_i = 1$。

因此，将 $\hat{P}\beta_i$ 代入信息熵公式中，即可计算得到整个移动商务环境的信息安全风险评估结果H，如下公式所示：

$$H = -\sum_{i=1}^{m}\hat{P}\beta_i \log_2 \hat{P}\beta_i \qquad (6.4)$$

H 为该移动商务用户隐私安全的熵值，其值越大，则说明该移动商务的信息安全性越低。同样采用信息熵的计算方法，将某 β_i 类所包含的风险因素发生概率进行归一化处理，则可以得到该风险类的熵值$H(\beta_i)$，该值越大则说明该类风险的安全性越低。

如上所述，结合信息熵和马尔可夫，本章提出了一种针对移动商务信息安全风险的评估方法。

五、风险评估过程

（一）移动商务信息安全风险属性模型构建

根据上文提出的评估方法，本节依据移动商务信息安全风险评价体系仿真移动商务用户信息安全风险的真实环境，将这些评价指标划分为五个维度，分别是平台信息防护技术风险、平台环境风险、平台管理与运营风险、用户自身脆弱风险和移动终端风险。根据层次结构，建立得到移动商务信息安全风险属性模型，如图 6.4 所示。

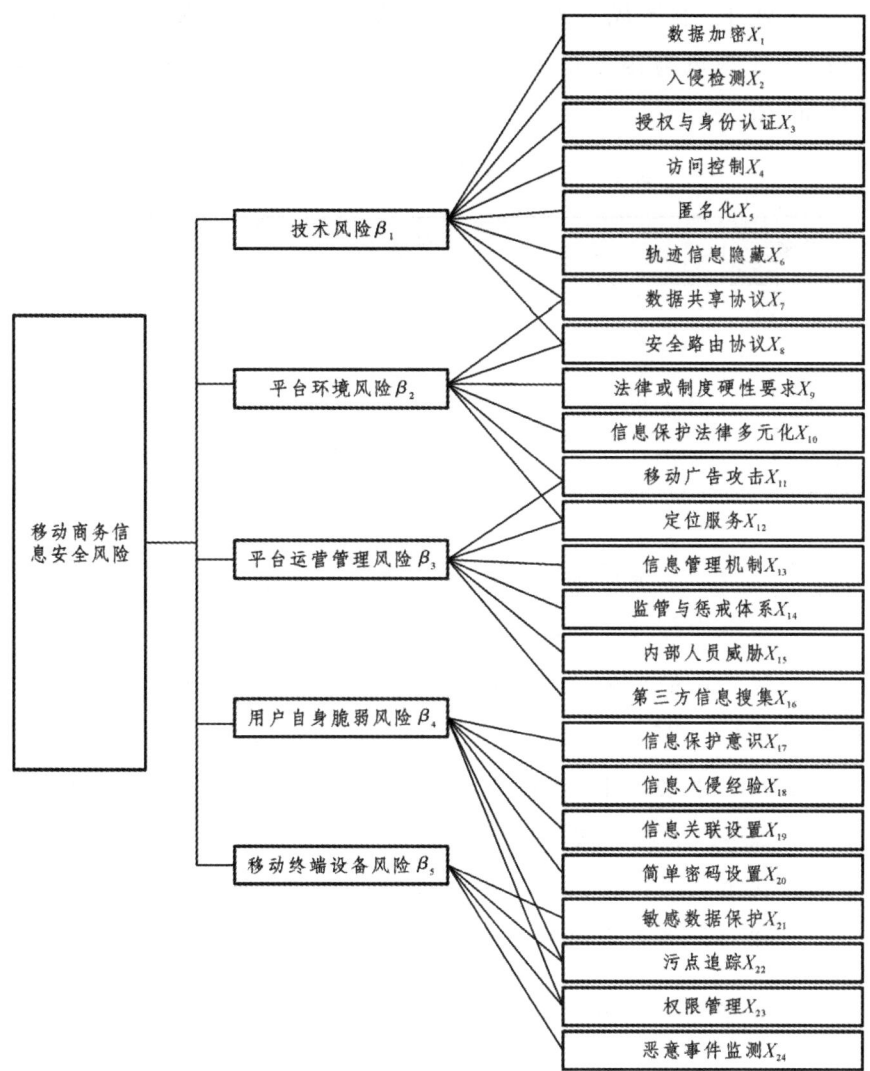

图 6.4 移动商务信息安全风险属性模型

(二) 移动商务信息安全风险的度量和评估过程

以图 6.4 所示的移动商务信息安全风险属性模型为基础,按照本章所提出的评估方法,其详细的计算步骤如下。

步骤1：制定风险隶属等级表，见表6.2。通过专家打分得到最底层各类风险因素的发生概率等级，并通过归一化处理得到$P(X_i)$的值。

表6.2 风险因素发生的可能性等级

等级	定义与描述
(4, 5)	该类风险因素有极大的风险，直接对用户的信息安全构成威胁
(3, 4)	该类风险因素发生的概率很高，并且存在于大多数移动商务环境中
(2, 3)	该类风险因素比较常见，存在于某些移动商务中
(2, 1)	该类风险因素存在，但只有在某种特殊条件成立时才会发生
(0, 1)	该类风险因素安全性比较高，很难对用户信息安全构成威胁

步骤2：根据划分的层次结构，结合马尔可夫理论，按照方程公式（6.1）所示方法，计算得到其状态转移矩阵$P(R)$。

步骤3：根据方程（6.3）计算得到各类风险的稳定概率$\hat{P}(\beta_i)$。

步骤4：根据公式（6.4）计算得到H，从而评估整个移动商务信息安全风险评估值。

步骤5：将各类风险因素分别处理，根据其所包含的风险因素，将这些风险因素发生概率$P(X_j)$进行归一化处理，得到它们在不同风险类中的权重系数$P(X_j, \beta_i)$，从而结合信息熵公式计算不同类别的风险熵$H(\beta_i)$，如下公式所示：

$$H(\beta_i) = \frac{\sum_{j=1}^{m} P(X_j, \beta_i) \log_2 P(X_j, \beta_i)}{\log_2 m} \quad (6.5)$$

其中 m 为 β_i 类风险所包含的风险因数个数。其值越大，说明该类风险越难管控，其隐私安全隐患越大。

第三节 案例研究

一、风险评估过程

为了验证所提出模型的可行性，本节选取上一章案例中的 3 个不同性质的移动商务平台作为评估对象，展开由底向上的详细评估过程。

步骤 1：首先从底层开始，对 3 个移动商务平台最底层的风险因素 x_i 进行了打分。评委由 10 名专家组成，对各因素采取 AHP[①] 的方法进行打分。打分完成后，将 10 名专家打分成绩汇总取平均值得到其风险等级 $level$，再进一步将 $level$ 归一化处理得到 $P(X_i)$ 的值，所得结果如表 6.3 所示。

表 6.3 风险因素发生概率

移动商务平台	风险因素 x_i	风险等级 $level$	$P(x_i)$	风险因素 x_i	风险等级 $level$	$P(x_i)$	风险因素 x_i	风险等级 $level$	$P(x_i)$
A	X_1	1.8	2.55%	X_9	1.8	2.55%	X_{17}	4.5	6.37%
	X_2	1.8	2.55%	X_{10}	1.8	2.55%	X_{18}	4.5	6.37%
	X_3	2.3	3.26%	X_{11}	4.3	6.09%	X_{19}	4.3	6.09%
	X_4	2.3	3.26%	X_{12}	4.3	6.09%	X_{20}	3.8	5.38%
	X_5	1.3	1.84%	X_{13}	1.8	2.55%	X_{21}	3.3	4.67%
	X_6	1.3	1.84%	X_{14}	2.3	3.26%	X_{22}	2.8	3.97%

---

① 杨明，李铁冰，姜茸，高提雷，王佳.基于 AHP 的大数据可用性及挖掘方案模型研究[J].计算机技术与发展，2018，28（5）：51-54+58.

续表

移动商务平台	风险因素 x_i	风险等级 level	$P(x_i)$	风险因素 x_i	风险等级 level	$P(x_i)$	风险因素 x_i	风险等级 level	$P(x_i)$
	X_7	3.8	5.38%	X_{15}	1.8	2.55%	X_{23}	3.8	5.38%
	X_8	3.8	5.38%	X_{16}	4.3	6.09%	X_{24}	2.8	3.97%
B	X_1	1.8	2.55%	X_9	1.8	2.55%	X_{17}	4.6	6.52%
	X_2	3.6	5.10%	X_{10}	1.8	2.55%	X_{18}	4.6	6.52%
	X_3	2.3	3.26%	X_{11}	2.3	3.26%	X_{19}	4.4	6.23%
	X_4	1.8	2.55%	X_{12}	1.8	2.55%	X_{20}	1.3	1.84%
	X_5	1.8	2.55%	X_{13}	3.3	4.67%	X_{21}	3.3	4.67%
	X_6	1.8	2.55%	X_{14}	2.3	3.26%	X_{22}	2.8	3.97%
	X_7	2.8	3.97%	X_{15}	1.8	2.55%	X_{23}	4.3	6.09%
	X_8	2.8	3.97%	X_{16}	4.3	6.09%	X_{24}	2.8	3.97%
C	X_1	1.3	1.84%	X_9	1.8	2.55%	X_{17}	4.4	6.23%
	X_2	1.3	1.84%	X_{10}	1.8	2.55%	X_{18}	4.4	6.23%
	X_3	2.3	3.26%	X_{11}	1.8	2.55%	X_{19}	4.6	6.52%
	X_4	1.8	2.55%	X_{12}	4.3	6.09%	X_{20}	1.8	2.55%
	X_5	1.3	1.84%	X_{13}	4.2	5.95%	X_{21}	2.3	3.26%
	X_6	4.2	5.95%	X_{14}	2.3	3.26%	X_{22}	2.8	3.97%
	X_7	3.9	5.52%	X_{15}	1.8	2.55%	X_{23}	4.3	6.09%
	X_8	2.3	3.26%	X_{16}	3.9	5.52%	X_{24}	2.8	3.97%

步骤 2：根据划分的层次结构，将表 6.3 的结果代入状态转移矩阵公式（6.1）计算后，分别得到 3 个平台的移动商务信息安全风险的状态转移矩阵 $P^A(R)$，$P^B(R)$，$P^C(R)$ 如下所示：

$$P^A(R) = \begin{bmatrix} 0.354 & 0.354 & 0.000 & 0.000 & 0.226 \\ 0.375 & 0.133 & 0.446 & 0.000 & 0.000 \\ 0.000 & 0.472 & 0.472 & 0.000 & 0.000 \\ 0.000 & 0.000 & 0.000 & 0.713 & 0.214 \\ 0.192 & 0.000 & 0.000 & 0.503 & 0.247 \end{bmatrix}$$

$$P^B(R) = \begin{bmatrix} 0.504 & 0.212 & 0.000 & 0.000 & 0.211 \\ 0.453 & 0.215 & 0.269 & 0.000 & 0.000 \\ 0.000 & 0.198 & 0.759 & 0.000 & 0.000 \\ 0.000 & 0.000 & 0.000 & 0.697 & 0.253 \\ 0.192 & 0.000 & 0.000 & 0.527 & 0.220 \end{bmatrix}$$

$$P^C(R) = \begin{bmatrix} 0.451 & 0.283 & 0.000 & 0.000 & 0.202 \\ 0.397 & 0.128 & 0.392 & 0.000 & 0.000 \\ 0.000 & 0.321 & 0.617 & 0.000 & 0.000 \\ 0.000 & 0.000 & 0.000 & 0.684 & 0.266 \\ 0.197 & 0.000 & 0.000 & 0.611 & 0.136 \end{bmatrix}$$

步骤 3：将上述转移矩阵中的数据代入方程式公式（6.3）中，计算得到各类风险的稳态概率，如表 6.4 所示。

表 6.4 风险类的稳态概率

平台	β_i	$\hat{P}\beta_i$	平台	β_i	$\hat{P}\beta_i$	平台	β_i	$\hat{P}\beta_i$
A	β_1	0.107	B	β_1	0.077	C	β_1	0.085
	β_2	0.143		β_2	0.084		β_2	0.124
	β_3	0.182		β_3	0.198		β_3	0.187
	β_4	0.332		β_4	0.355		β_4	0.339
	β_5	0.236		β_5	0.286		β_5	0.265

步骤 4：将表 6.4 的计算结果代入风险评估公式（6.4），得

到 3 个移动商务平台的用户信息安全风险评估结果，如表 6.5 所示。

表 6.5 评估结果对比

平台名称	风险评估结果
平台 A	2.213
平台 B	2.095
平台 C	2.165

步骤 5：根据类别划分，分别针对不同风险类所包含的风险因素进行归一化处理。各风险类及其所包含风险因素情况如 6.6 所示。

表 6.6 风险类及其所包含的风险因素

风险类 β_i	风险因素 x_j
β_1	$\{x_1, x_2, x_3, x_4, x_5, x_6, x_7, x_8, x_{22}, x_{24}\}$
β_2	$\{x_7, x_8, x_9, x_{10}, x_{11}, x_{12}\}$
β_3	$\{x_{11}, x_{12}, x_{13}, x_{14}, x_{15}, x_{16}\}$
β_4	$\{x_{17}, x_{18}, x_{19}, x_{20}, x_{22}, x_{23}\}$
β_5	$\{x_{21}, x_{22}, x_{23}, x_{24}\}$

按照表 6.6 的划分，本章针对 3 个不同移动商务平台第 2 层的风险类进行评估，计算得到各类风险的熵值对比情况，如图 6.5 所示。

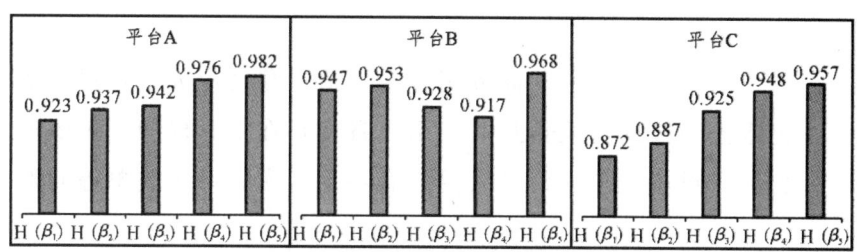

图 6.5 风险类的熵值

二、风险评估结果分析

（一）顶层评估结果分析

由表 6.5 对比可以看出，$H(A)>H(C)>H(B)$，根据本章风险熵的定义，说明平台 A 外卖类型的移动商务应用相对其他两款移动商务应用所存在的信息安全风险最大；反之，平台 B 移动支付类的移动商务应用的信息安全性最高。

然而，从数据的大小差异观看，3 个平台的信息安全风险评估结果差别并不是很大，从总体性上对比，3 个平台的信息安全性能有所差别，但风险评价等级均属于"中等"，均存在一定的信息安全隐患。

（二）风险类稳态概率结果对比分析

由表 6.4 可以看出 3 个平台都有着一个明显的特征，即用户自身风险 $\hat{P}(\beta_4)$ 的值最大。这一数据结果说明在长期的移动商务使用过程中，用户自身风险相对于其他指标发生的可能性最大。其次，则是 $\hat{P}\beta_5$ 的值较大，说明除了用户自身风险容易产生外，终端设备也时常会引发安全问题。相反，其中以技术风险 $\hat{P}\beta_1$ 的值最小，说明造成用户信息安全问题的主要原因并非技术风险，相对于其他风险类，由于技术风险而导致信息安全风险问题的概率较小。

由此可见，移动商务用户为了追求移动商务平台提供的个性化服务而披露个人信息时，用户自身存在信息保护意识淡漠、信息关联设置较多、信息入侵经验不足、密码设置简单等问题。

（三）风险类熵值对比结果分析

由图 6.5 可以看出，3 个平台的 $H\beta_5$ 的值都为最大，说明其中最难控制的就是移动终端的风险因素。

另外，平台 A 和平台 C 评估结果中 $H\beta_4$ 的值较大，说明在使用两家公司的移动商务应用时，用户自身的信息安全风险是比较难控制的，这是导致该类应用信息安全问题的重要原因。平台 B 的 $H\beta_4$ 的值较低，说明在此应用中对于用户的行为操作有着严格的控制和规定，相比其他应用而言，其用户自身风险也就较为容易管控。从对比中可以看出，导致平台 B 的用户信息泄露的最主要原因是平台环境风险 $H\beta_2$。

（四）风险因素层的分析

总结以上对比，可以看出用户的信息安全风险 β_4 有着最大的发生概率，通过观察此类风险的底层因素，可以分析出导致移动商务应用安全问题的常见因素主要包括用户自身信息风险意识淡漠 x_{17}、信息关联设置较多 x_{18}、信息入侵经验不足 x_{19}、密码设置简单 x_{20} 等。

由此可见，要提升移动商务的用户信息安全，仅从技术上进行提升并不可行，现阶段的主要问题在于用户自身的信息安全意识、移动终端数据保护、平台运营管理等问题。只有增强消费个人的信息安全意识、提升对信息安全问题的认识、加强移动终端数据保护和平台管理，才能有效解决移动商务用户信息安全问题。

对此，可以在移动商务的使用过程中，平台运营商应加强对用户安全的提醒，尽可能规范用户的相关操作，督促用户做好自身的安全防范措施。同时，平台应该进一步明确与用户之间的保密协议，减少对用户使用权限的过度获取，并明确相关责任归属，通过法规保证用户的信息安全。

第四节　方法优势及合理性

本章提出的新的风险评估方法——基于信息熵和马尔可夫的移动商务信息安全风险评估方法，利用信息熵解决了风险度量的问题。结合初始状态的概率和转移矩阵，借助马尔科夫链的原理，计算在稳定状态下平台风险熵值及风险类发生的概率，既降低了主观性，又使评估更加客观、准确。综合来看，本章提出的新方法依赖的样本数据更少，评估方法更加高效，而且能够得到更加客观、真实的移动商务信息安全风险评估结果。

◇　本章小结　◇

本章结合文献综述中国内外学者关于移动网络用户信息安全风险评估方法的研究现状，提出了一种新方法——基于信息熵和马尔可夫的移动商务信息安全风险评估方法，分别从技术风险、移动商务平台环境风险、移动商务平台运营管理风险、移动终端风险、用户自身脆弱风险等5个维度构建风险属性模型，阐述了该风险评估方法的理论依据、设计思路和计算步骤。新的评估方法利用信息熵来量化风险的大小，为风险的评估提供了有效的数据支撑，结合马尔可夫理论描述了移动商务平台在实际使用过程中用户信息安全风险的复杂环境，构建一套完整的移动商务信息安全风险评估模型，分别从顶层平台和风险类不同层面提出风险度量和评估。为移动商务平台的用户信息安全风险评估和安全保护提供了重要的参考依据，进一步丰富了用户信息安全评估方法的研究理论。本章有关移动商务信息安全风险评估结论为第七章研究风险控制和管理提供了可靠的参考依据。

第七章

移动商务信息安全风险管理策略

在第五、六章对移动商务信息安全风险评估结果的基础上，本章从风险控制的研究视角出发，对移动商务信息安全风险特点及现状进行梳理和总结，围绕风险较高的风险指标提出有针对性的管理策略，分别从技术、平台环境、平台运营管理、移动终端、用户自身及监管层中的政府、行业等角度提出具体的应对措施。

第一节 移动商务信息安全风险分析

根据第五、六章对移动商务信息安全风险的案例研究结果，本节从移动商务信息安全风险类别、高风险指标、风险等级及风险控制等方面来分析移动商务信息安全风险具备的特征和特点。

一、风险类别

通过对文献梳理和案例研究发现，移动商务信息安全风险主要分为 5 类：技术风险、平台环境风险、平台运营管理风险、用户自身脆弱风险、移动终端风险。以上 5 类风险中，用户自身脆弱风险最高，其次是移动终端风险，接着是平台运营管理风险和平台环境风险，技术风险相对较低。

二、风险指标

从移动商务信息安全风险评估结果来看，在技术风险方面，网络入侵检测技术、匿名化技术、轨迹信息隐藏技术、数据共享技术存在漏洞时会带来较高风险。在平台环境风险方面，数据共享交换、移动广告、定位服务等业务开展过程中带来的风险较高。在平台运营管理风险方面，内部人员威胁、第三方信息收集风险概率较高。在用户自身脆弱风险方面，用户信息保护意识和信息入侵经验不足，导致用户信息泄露的风险较高。在移动终端风险方面，敏感数据保护措施不力和权限控制不善导致的个人信息泄露风险较高。

三、风险等级

现有移动商务平台泄露用户信息的风险普遍较高，通过两种不同的定量方法对具有代表性的外卖平台、移动支付平台、移动购物平台进行信息安全风险评估，结果显示三类平台风险级别均为"一般"。从三个具有代表性的移动商务平台信息安全风险评估结果来看，金融理财类平台安全性最高，其次是移动购物平台，最差为外卖类平台。

四、风险控制

移动终端风险和用户自身脆弱风险导致用户信息泄露的概率相对比较大，在大多数移动商务平台中，两者也是最难控制的。结合移动商务实际应用，具体原因分析如下。

就用户自身脆弱风险来讲，用户作为信息的提供者，具有自己的主观性，大部分移动商务用户缺乏一定的安全意识。尤其在权限授予方面，多数用户愿意披露一定的信息以换取移动商务平台提供的个性化服务，其披露意愿不受他人控制。通过数据分析，在个人信息泄露的各项风险因素中，用户自身的脆弱风险占据很高的比例。金元浦（2021）[①]通过分析2016—2019年全球不同国家发生的共计55个数据泄露事件，发现在信息泄露事件中绝大部分数据都是用户自愿提供的。这也说明目前用户自身信息保护意识的缺乏导致个人信息泄露的概率较大，风险较高。

就移动终端来讲，其面临的网络环境比较复杂，移动商务用户的各种网络行为如通信、网络购物、出行等都要通过终端来完成，而且移动终端在使用过程中会读取并保存着大量的用户信息。移动终端遭受网络黑客、恶意程序等攻击、污染后，会对用户个人信息（如身份信息、账号信息、交易信息等）造成极大的泄露风险。邹意华和贺冠鹏（2020）[②]通过对操作系统、应用软件、用户数据存储、外围接口等方面的诸多移动终端风险研究发现，移动商务信息在移动终端会受到多层次、多角度威胁。

第二节 移动商务信息安全风险管理策略

随着移动互联技术的快速发展，用户信息安全在移动商务环境下面临着前所未有的威胁。要更好地维护移动商务信息安全，不能只从某一层面入手，而需要结合移动商务复杂结构从多角度、多层次建立起保护机制。随着信息安全技术的发展，加强用户自身安全意识、提升移动商务平台环境安全、完善移动商务平台管理机制、规范行业行为准则、增强行业自律和企业职业道德建设、强化政府法律法规监管等，都是有效保护移动商务信息安全的举

[①] 金元浦.大数据时代个人隐私数据泄露的调研与分析报告[J].清华大学学报（哲学社会科学版），2021，36（1）：191-201+206.

[②] 邹意华，贺冠鹏，曾天宇.移动智能终端的信息安全风险及测评方法研究[J].通讯世界，2020，27（6）：137-138.

措。以下将围绕风险较高的风险指标，分别从技术、平台环境、平台运营管理、移动终端、用户自身及监管层中的政府、行业等角度提出具体的应对策略。

一、用户自身信息安全风险管理策略

根据上文数据分析，在造成信息泄露的风险因素中，用户自身脆弱带来的信息安全风险占有较高的比重，其主要因素包括用户信息保护意识薄弱、信息入侵经验较少、信息关联设置较多、密码设置简单和权限授予等。因此，要将用户信息泄露、滥用等控制在可接受范围内，可着重从用户信息保护意识的提高、用户对信息的保护、用户对信息的使用三个层面提出风险管理措施。

（1）从用户信息安全风险意识的角度来看，用户需要培养信息保护意识，主动学习网络安全相关理论，加强隐私关注，提高信息保护意识和信息保护素养。用户信息保护意识越薄弱，信息泄露的风险就越高。信息保护素养应侧重于用户对信息保护知识和技能的掌握[1]，信息保护意识的提高是进行信息保护的重要条件。对用户而言，首先，应充分认识个人信息的重要性，主动学习个人信息保护知识以及相关的法律法规，提高自己的知识基础，并通过学习与案例认知，了解可能导致信息泄露的途径。其次，不断发掘与学习个人信息保护的方法，在使用移动商务应用过程中注重采纳相关信息保护的工具。再次，当个人信息已经受到侵害时，要有维权意识，通过法律武器维护自己的利益，不可放之任之。最后，需经多方努力来克服用户信息保护意识淡漠的窘境，学校、社会、政府等要提高信息保护的重视程度，通过开设各种

---

[1] 邓胜利，王子叶.国外在线隐私素养研究综述[J].数字图书馆论坛，2018（9）：66-72.

信息保护主题讲座,用新媒体推送相关知识,提升社会宣传效力,扩大信息保护意识教育受众,提高用户整体信息保护意识水平。

（2）从用户对信息的保护角度来看,用户需要有意识地减少信息关联设置、提高密码可靠度、增强污点数据识别能力。对于减少信息关联设置,一方面要减少不同移动平台间信息的关联设置,如一个平台设置一个单独账号,账号登录密码与支付密码设置不同,同一平台不要绑定多张银行卡或手机号等；另一方面要减少不同平台之间的关联设置,如不同平台需要使用不同的账户名和密码,避免一个平台被入侵后导致其他相关联的信息被泄露。对于密码设置,据统计信息,从用户方面泄露信息的最可能原因是密码被破解或者系统被病毒攻击。因此,用户不能为了记忆方便而设置简单或有规律的密码,用户所设置的密码需要保证复杂度、长度,同时避免密码设置与自身身份信息有直接关联,以防止黑客通过密码与用户身份信息的联系进行破解。同时,也要避免一个账户或密码多处使用,防止一个密码被破解后导致其他账号的信息被盗用。针对污点数据识别,用户需要有意识地判别将要访问、使用的平台是否存在非法链接或恶意广告等,防止通过不被信任的网站或平台下载到"被污染"的数据,导致个人信息泄露。

（3）从用户对个人信息的使用角度来看,用户需要了解个人信息的隐私度与重要性,合理进行权限授予。在使用移动商务平台过程中,用户愿意提供一定的信息以换取平台的个性化服务,导致用户信息泄露的风险大大增加。因此,用户需要充分了解个人信息的隐私度与使用价值,对个人信息进行隐私度与价值划分,需要了解移动商务平台申请隐私权限的用途与范围,合理设置隐私权限,将信息安全风险降低到可控制、可接受的范围内。

二、移动终端信息安全风险管理策略

针对移动终端方面的风险问题,本章从敏感数据保护、污点数据监控、权限控制、恶意事件提醒等方面提出相应的风险管理措施。具体内容如下。

(1)加强对敏感数据的保护,及时更新完善移动终端的防护体系,提高对敏感数据的准确识别率和识别效率是对敏感数据保护的前提。首先需要建立和不断更新敏感数据库,其次要对数据进行深度分组和审视,最后要对获取到的数据进行反馈处理。例如,可以提出了一种带反馈的 DPI 模型,有效解决以往 DPI 模型中重组和检测数据分组数量的困难以及计算要求和存储内存过大的问题。[1]

(2)对污点数据进行实时监控。当移动终端的数据被污染后,要及时对被污染的数据进行控制、隔离,防止数据无限地传播,导致其他用户数据被连带泄露。首先,检测污点数据是对数据进行处理的前提,可将静态污点分析和静态污点分析结合起来,充分利用两者的优点提高移动终端对漏洞的检测效率。例如,可以提出一种基于静态污点和动态分析相结合的漏洞检测和验证的方法,进一步提高 TP(Findings 占漏洞总数的百分比),减少 FP(路径未覆盖的 Source、Sink 对和由于程序中条件分析导致动态验证未通过的 Source、Sink 对,两类情况所占的百分比)出现错误的频率。[2]其次,要根据检测到的数据寻找数据源头,对检测到的数据进行隔离和传播路线的风险处理。

(3)合理设置权限控制,根据用户查看的数据保密性的程度

---

[1] 何欣,高运霞.大数据环境下基于反馈的敏感数据识别方法研究与实现[J].电信工程技术与标准化,2020,33(12):54-59.
[2] 范威威.Web SQLIA 漏洞的静态污点分析和动态验证研究与实现[D].江西师范大学,2020.

分类设置相应的权限管理。在用户未开启权限时,移动终端将无法获取到用户的相应信息,在用户关闭权限后要对用户的信息进行及时销毁或者加密处理,以防用户的个人信息被非法截获。

(4)及时对恶意事件进行提醒。随着黑客技术的不断发展,网络攻击呈现出越来越高的隐蔽性。除了加强防御体系之外,还需要不断完善移动终端的监测功能以便在检测到风险环境时及时对其恶意事件进行提醒。《2020年6月网络安全数据分析报告》显示,互联网安全状态从整体上来说较为良好,但在移动商务信息安全风险评价的问卷调查中,发现对于因移动App没有提醒风险环境和恶意事件而造成用户信息泄露的风险受到大众的关注。

三、移动商务平台运营管理策略

针对移动商务平台运营管理方面的风险问题,本章从广告审查、访问权限、信息管理机制、监管与惩戒体系、内部人员、第三方信息搜集等方面提出相应的风险管理措施。具体内容如下。

(1)提高移动广告审查力度。首先,平台要使用第三方库自动化测试技术,对移动广告的性质、内容以及是否携带恶意代码进行安全性分析,以防止不健康或恶意移动广告被肆意投放。其次,平台要为广告开发者提供专门的广告库,同时要设置相应的门槛权限,当移动广告商申请了所有的权限后方可在平台进行广告投放。最后,在投放广告时要让用户自主选择是否进入广告并给出相应的提示与警告。

(2)合理设置位置信息数据的访问权限。为了给用户提供个性化服务,移动商务平台根据用户移动终端或者账号采用定位服务进行营销,同时平台可以获取用户的动态轨迹信息,增加了用户位置等个人信息泄露风险。基于此,为降低位置信息泄露风险,首先，平台的定位服务需要在获取用户同意授权的情况下进行，并告知用户定位信息的用处。其次，平台需要采用匿名化和轨迹信息隐藏等方式为用户位置信息提供保护，根据位置敏感度、时间、活跃点等提供个性化的轨迹隐私保护。

（3）建立信息管理机制。信息管理机制的建立对于合理、有序地管理用户个人信息具有重要帮助。用户个人信息可分为敏感信息（包括身份证号等）、可公开信息（支付账号等）以及完全公开信息（姓名等）三类[①]，移动商务平台在经用户同意的基础上完成对用户信息的收集后，需根据三类个人信息进行分类划分，对用户个人信息采取分级权限的信息管理制度，对不同岗位的员工设置不同的权限且只能在查看个人权限范围内的用户信息。如果需要访问或使用用户更私密的信息时，需申请更高权限或交由能获取此信息的管理者处理并做好查询记录。此外，移动商务平台工作人员需签订保密协议，确保信息不会由平台人员内部泄露，确保用户信息的隐私性与安全性。

（4）建立健全监管与惩戒体系。监管与惩戒体系的健全与完善对降低内部人员威胁及用户信息的保护具有重要意义。首先，需要加强惩戒的力度，提高泄露信息需要承担的代价，使"代价大于利益"，以降低人员泄露信息的可能性。其次，要健全监管体系，平台内部需设立独立于其他部门的监管部门，有监管部门对其他所有部门、人员及合作的第三方平台进行监察，及时排查可能存在的人员风险、应用风险，降低内部人员威胁和恶意事件的发生。此外，设立奖罚制度，鼓励移动商务平台参与者相互监督，降低平台内部泄露的风险。

（5）降低内部人员威胁。移动商务平台内部人员最可能直接

[①] 余筱瑶.大数据视域下作者个人信息的泄露与平衡[J].中国编辑，2017（9）：73-77.

接触用户信息,存在有意或无意地泄露、滥用用户信息可能性。因其获取用户信息的方式最为直接、简单,造成的后果也最严重,降低内部人员的威胁具有必要性。首先,可以通过加强职业道德培养、签订保密协议书、开展警示教育、完善监控系统等举措来降低内部人员有意或非法泄露用户信息的可能性。其次,也要加强职业化、专业化培训,提升内部人员技能水平和安全意识,杜绝因为无意或错误操作导致用户信息泄露的情况。

(6)保证第三方信息收集合理性与安全性,通过各类信息保护协议保证与第三方合作时用户信息的安全。移动商务平台通常会与多个第三方应用程序进行合作,第三方应用程序可以通过数据共享协议或者移动广告的投放等方式对平台用户进行信息收集,这增加了用户信息泄露风险。要降低这类风险,移动商务平台与第三方都要遵守信息安全相关法律法规、行业规范和标准,同时需要签订硬性的协议进行约束。首先,平台在选取第三方合作时尤其需要对其信用进行综合评估,不能只考虑自身利益最大化。其次,与第三方应用平台合作时需要签订保密协议,明确使用范围等,要求第三方在收集用户信息时必须征求用户的许可,并且不可过度收集、利用,保证用户信息在第三方平台的安全性与保密性。最后,对第三方的广告投入需要进行筛选,并进行权限设置,拒绝强制用户观看、附带恶意插件的广告投入平台,保证用户的自主选择权,减少移动广告攻击的风险。

四、移动商务平台环境管理策略

针对移动商务平台环境方面的风险问题,本章从数据共享协议、协议兼容、移动广告、定位服务等方面提出相应的风险管理措施。具体内容如下。

（1）完善数据共享协议。在移动商务经济的发展中，平台与平台、平台与第三方应用程序的数据共享对推动经济的发展有极大的作用，但同时也对用户个人信息的泄露带来了较大的风险。因此，完善数据共享协议是一个必不可少的环节。在进行数据共享时平台，必须遵守以下相关的协议内容：一是移动商务平台共享的数据必须是用户明确同意并且授权允许第三方平台获取的数据；二是移动商务平台必须不断更新、完善加密技术，在数据共享过程中对用户个人信息进行严格加密，防止数据被非法篡改、截取、收集；三是第三方平台不可滥用被共享的用户个人信息，须秉持为用户提供优质服务为目的并进行合法的商业活动。

（2）确保协议兼容。为解决安全路由协议不兼容的问题，首先要优化各移动商务平台使用的路由协议，保证路由节点的可靠性、有效性与信任度等，尽量避免路由协议不兼容问题的出现。其次，在平台间进行网络通信时，尽可能采用相同的路由协议或者在不同的路由中进行申请通信只有达到一致的协议时才允许平台之间进行网络通信。最后，在可接受范围内共同制定统一路由协议标准，降低由路由协议的标准不同而造成的用户信息泄露。

（3）降低移动广告攻击风险。首先，移动商务平台要使用第三方库自动化测试技术，对移动广告的性质、内容以及是否携带恶意代码进行安全性分析，以防止不健康或恶意移动广告被肆意地投放。其次，平台要为广告开发者提供专门的广告库，同时要设置相应的入门权限，层层把关。当移动广告商申请了所有的权限后方可在平台进行广告投放。最后，在投放广告时要让用户自主选择是否进入广告并给出相应的提示与警告。

（4）位置隐私匿名化。随着移动网络的普及和定位服务技术的快速发展，获取用户和设备的地理信息的精确度越来越高，并且该地理信息在市场上已经被广泛地收集和使用，以致带来了严重的地理位置信息威胁问题。要降低这一技术服务带来的安全问题，可以通过技术方法实现用户定位信息的匿名化。例如，可以提出基于空间加噪的 k-匿名位置隐私保护方法[①]或融合定位信息保护的方法[②]来保护 DLBS 环境中用户和设备的位置信息，降低高频次位置服务（LBS）带来的位置信息暴露风险。

五、信息安全技术管理策略

针对信息安全技术方面的风险问题，本章从网络入侵检测、异常数据检测、数据加密、身份认证、访问控制、匿名化、轨迹隐藏、共享协议、安全路由、污点追踪等方面提出相应的风险管理措施。具体内容如下。

（1）完善网络入侵检测。在预防网络非法入侵、恶意代码攻击、降低移动通信网络中的风险因素等方面，网络入侵检测技术起了重要作用。目前入侵检测体系一般为基于主机和基于网络两种结构，但这两种结构均存在一定系统弱点或漏洞。鉴于此，首先可通过将两种结构混合处理，结合各自的优势形成一种综合型的检测系统，在一定程度上减少各自的缺点带来的影响。其次，为提升网络入侵检测技术，可在原有方法上进行不同方法的组合以构建更强大、更完善的入侵检测系统。例如，可以采用机器学习、深度学习、强化学习、可视化分析技术等进一步提升检测技术，提高网络入侵检出率与速率。[③]

（2）强化异常数据检测。异常数据检测技术通过检测网络中

---

① 王宇航.位置数据的隐私保护技术研究[D].哈尔滨工业大学，2020.
② 姜海洋，曾剑秋，韩可，刘鋆.5G 环境下移动用户位置隐私保护方法研究[J].北京理工大学学报，2021，41（1）：84-92.
③ 蹇诗婕，卢志刚，杜丹，姜波，刘宝旭.网络入侵检测技术综述[J].信息安全学报，2020，5（4）：96-122.

的流量异常等"异常点"进行分析是否受到网络攻击。此技术存在诸多难点，如网络中异常数据远远小于正常数据导致的数据不平衡，加大了逻辑难度等，从而导致"异常点"漏判，异常检出率不准确等。由此可见，异常检测的重要难点在于解决数据不平衡问题，未来可以以此作为突破口对其进行方法技术的强化。例如，为了减轻人工负担，引入人工智能，由机器自主进行深度学习，通过机器学习进行数据挖掘和大数据分析，实时判断网络中的异常流量行为。

（3）合理数据加密。数据加密技术是保护用户信息安全的重要技术。保证用户信息安全，既要保证数据在传输过程中的安全性，也要保证用户信息在平台数据库中的安全性。首先，用户个人信息需要设立专门的数据库进行保存与管理，并使用数据加密技术，对内部信息进行加密的同时也要对数据库本身进行加密，同时保证内外的安全性，防止黑客通过攻击数据库直接获取移动商务用户的个人信息。其次，需要在数据传输过程中保护移动商务用户的个人信息安全。因此，需要设计更加合理而复杂的加密算法，减少因算法不合理导致存在加密算法漏洞或算法过于简单而被破解等问题造成的用户信息泄露。

（4）多元化身份认证。针对身份认证技术存在的安全风险问题，首先，要保证用户信息的完整性与准确性，并通过合理的数字认证方式进行区分，尽量避免"非法"用户的存在。其次，需要保证身份认证准确性，避免身份识别的出错率，生物识别技术则为其中重要的技术。目前指纹识别、面部识别、虹膜识别等识别方法可以针对个体，以每个用户具有的不同的生物特征进行区别与识别，基于深度学习方式提取用户行为特征，实现用户当前的身份认证，并通过动态信任模型进行连续检测，保证用户身份的有效性；同时进行多角度的生物识别，保证用户身份的准确性。①

（5）加强访问控制。为了解决访问控制效果不佳而造成的用户个人数据被越权窃取，可以利用区块链去中心化、难以篡改等特性解决由中心系统出现问题导致访问控制系统不可用和用户信息泄露等问题。此外，区块链技术采用的数字签名、哈希运算等技术可对用户数据进行加密，防止用户信息被篡改，达到保证用户个人信息的作用。最后，基于区块链的访问控制系统没有第三方授权，主体与资源之间直接进行交流，一方面降低了成本，另一方面极大提高了访问控制速率。

（6）注重匿名化。随着数据挖掘技术的不断进步，已经出现了通过匿名化的数据集还原个体的案例。因此，需要加强匿名程度和手段，进一步减小匿名后的数据与原始数据的关联性。加强匿名化可以通过以下方法来实现②：一是使用假名替换法，用假名替代用户真实账户，并用假名进行查询等功能，此假名与用户之间没有任何关联而只是一个标识符；同时可引入动态假名，在用户登入登出时动态更改标识符，进一步减小关联性。二是利用分布式架构进行随机化处理，通过随机产生不同于用户真实的搜索信息的哑元，来隐藏用户真实的访问内容和访问轨迹，让网络攻击者难以识别用户真实信息。三是进行隐蔽化处理，运用隐蔽化方法对用户请求、用户历史查询进行隐藏，实现信息隐蔽化。

（7）个性化轨迹隐藏技术。轨迹信息隐藏能够保证用户的轨迹信息不被轻易获取，但目前常用技术如扩频技术存在着一定的技术缺陷。在定位服务应用过程中，可以采用动态假名与虚假轨

---

① 曾明星，吴吉林，徐洪智，黄云，郭鑫.深度学习演进机理及人工智能赋能[J].中国电化教育，2021（2）：28-35.
② 张青云，张兴，李万杰，李晓会.基于LBS系统的位置轨迹隐私保护技术综述[J].计算机应用研究，2020，37（12）：3534-3544.

迹的方法来隐藏用户的动态定位信息，用假名代表用户真实信息并通过分布式架构为用户构建虚拟的网络轨迹以隐藏真实的用户位置信息。此外，考虑到不同用户的不同需求，可以根据时间、信息敏感度、用户自身意愿等进行综合考虑，提供个性化的位置隐藏服务。

（8）完善数据共享协议。目前移动商务数据共享技术还存在标准不一、体系不够完善等问题，数据交换过程中容易因标准不同而导致共享协议条款模糊，导致移动商务用户的个人信息被泄露。因此，需要改善不同系统之间的数据共享协议及使用规则，并从技术上加快对数字证书的升级速度，建立更加完善的数据共享体系，通过访问认证、安全配置、权限控制等手段确保用户个人信息安全，进一步加强协议保护。

（9）优化安全路由方法。修复移动通信过程中信息传输方式的缺陷，提高无线传感器网络安全性，减少节点的负载、降低网络的延迟和丢包率，用户个人信息被在线窃听、截取、伪造。例如，可以基于分布式信任评价模型的能量来优化路由协议，考虑综合信任值以评估节点的安全指标，根据多条链路的链路质量、传输距离来计算最优路径，以保证选择的路由是安全的和节能的。

（10）更新污点追踪技术。要不断更新数据检测和污点追踪技术，对污点数据进行实时追踪和处理，以保证污点数据的完全隔离状态。可将动态污点追踪和静态污点追踪技术相结合，以提高污点数据检测和获取数据源头的检测速率。

六、基于政府方面的管理策略

在移动商务运营过程中，政府职能的介入能有效降低用户信息泄露的风险，从立法和监管角度提高运营平台的环境安全，从而促进移动商务经济的发展。在民法、诉讼法、刑法中也有有关隐私权的相关法律条例，并且也随着移动互联网络的而不断发展不断改进和完善。2021年正式生效的《中华人民共和国民法典》也有个人信息保护的相关内容，对获取、使用个人信息等作出了明确的规定。长期关注和研究互联网领域的法制问题是我国对互联网时代个人信息保护的一大进步与完善。但现有的个人隐私保护法律法规过于分散，没有将个人隐私信息的保护作为一项具有绝对权属性的权利，而是对个人信息的保护采取"法益保护模式"。基于此，必须改变现有个人隐私信息保护法律法规过于分散的现实，把散落在民法、诉讼法、刑法中的有关隐私权的相关法律法规集结整合起来，组合成专业统一的个人信息隐私权保护法，对违法行为实施相应的惩戒。针对我国对移动商务环境下对用户隐私权保护现状，现提出以下几点建议。

（一）立法方面建议

（1）将个人信息确立为个人所有的一项权利。法律条文规定个人数据属于用户个人所有，对个人信息处理的权利包括是否被收集以及收集的范围、利用以及被利用的方式等必须由本人直接决定，信息管理者在使用用户个人信息时必须符合法律规定并事先取得用户同意，确保数据的使用必须是以不侵犯用户的合法权益为前提，在一定情况下采取相应的安全保护措施对用户信息进行保护，这样才能为用户维权提供保障，推动网络环境的稳定，减少侵权行为的发生。只有建立了相关的法律条文，才能对相关权利的行使规划变得更加清晰，硬性规定各个平台以及第三方去主动保护用户信息。当被侵权人的合法权益受到侵犯时，可以寻求相应的法律保护。

（2）在侵权人的处罚规定上完善损害赔偿机制。侵权人不仅要承担法律责任还应承担相应的赔偿责任,包括精神上和财产上赔偿。实施惩罚性赔偿机制,赔偿数额上要严格控制,过高可能会导致滥诉的发生,过低可能会导致侵权行为的难以抑制。因此,要采用一定的赔偿标准,建议先设定最低的赔偿金数额标准,因全国各省份经济发展程度不一致,不能在全国范围内规定最高赔偿金的数额标准。对于行为人无主观过失的,即因意外行为而造成他人信息泄露的,行为人应根据受害人损失程度承担相应的补偿性赔偿。对于有主观过失,即有目的且故意侵犯用户个人信息的,根据造成后果的严重性,行为人应承担相应的惩罚性赔偿机制。

(3)妥当处理信息保护法律多元化矛盾问题。在面临信息保护法律多元化的问题上,主要是如何处理法律法规的普适性与地方性的问题。对于过分重视用户信息的地域来说,在处理信息侵犯行为上不能将所有的信息侵犯行为一概而论,要结合该地方相应法律法规做到严而有度,允许在规定的范围内合力合规地使用用户信息以促进移动商务经济的发展。而对于不太重视用户信息保护的地域来说,要尊重其他地域对隐私权的保护范围,从法律法规的角度来约束侵权行为,不在本地肆意传播其他地域人员的相关隐私信息。

(二)监管职能方面建议

政府要加强监管与强化惩戒体系,就需要成立专责隐私权监管机构,专门对移动商务平台大数据技术使用情况进行综合监管和治理,确保数据的安全性、完整性不受破坏。对于超出规定范围使用用户个人数据或非法泄露用户信息的移动商务平台,应加大惩罚力度。成立网络隐私权保护机构、专业处理网络隐私事宜的行政机构,拟定科学合理的应对方案及措施,根据相应的管理流程对网络突发事件立即做出响应，从而高效合理地解决用户信息保护中存在的问题。针对恶意泄露、篡改、破坏用户个人信息以及非法倒卖用户个人信息数据的行为，政府需要建立一支严格执法队伍，保障网络安全体系的权威性。根据行业的发展特点，灵活设置安全规章制度，对涉及国家机密、人身安全的数据采取最高级别的安全措施。

（三）安全人才队伍建设方面建议

政府应加大对网络信息安全建设的资金投入，建立专业的网络安全管理机构，鼓励企业进行安全技术研发，为其提供良好的氛围和条件，引导培养专业的信息安全管理人员。在对安全人员的考核上，增强技术性法律规范的制定，对管理人员管理技术进行严格把控，适时调整审核标准。要求平台管理人员熟悉和掌握计算机系统安全、移动网络安全、移动数据安全及网络协议安全等方面的知识和技术。

七、基于移动商务运营商方面的管理策略

移动商务运营商在移动商务用户个人信息保护方面也发挥着重要作用，本章从个人信息保护、个人信息利用两个角度提出移动商务运营商方面的风险管理措施，具体内容如下。

（1）从移动商务用户个人信息保护角度来看，移动商务运营商自身要加强行业自律和企业职业道德建设。首先，要健全组织机构，促进内部员工规范管理，创新服务方式，提供优质服务，坚守职业道德，提高自律诚信。其次，移动商务运营商自觉接受广泛的公众监督，主动向社会公开有关信息，增强透明度，能够自觉履行相关法律法规，遵守行业规范和标准。最后，移动商务运营商要与用户签订相关的信息保护合同，在进行买卖交易中做

到不违背社会公德,做到公平交易,不得非法转让客户的个人数据,维护消费者权益与诚信经营。除此之外,移动商务运营商还应做到加强对用户信息安全问题的提醒,尽可能规范用户的相关操作,督促用户做好自身安全防范措施。

(2)从移动商务用户个人信息利用角度来看,移动商务运营商要自觉遵守知情同意原则。首先,在没有取得用户同意的情况下,移动商务运营商不得以功能捆绑、默认授权等形式逼迫、误导用户同意移动商务平台收集、使用其个人信息。其次,经用户同意并且用户明确同意签订隐私协议的情况下,在该合同关系中,移动商务运营商必须按照隐私政策规定的范围收集、使用用户的个人信息,充分保障用户个人信息的安全。

◇ 本章小结 ◇

随着移动商务的快速发展,移动商务信息安全风险越来越高,必须采取合理的管理措施尽可能地将用户个人信息安全风险控制在用户可接受的范围之内,以保护移动商务用户的个人信息安全和促进移动商务经济的健康发展。本章从移动商务信息安全风险类别、高风险指标、风险等级及风险控制等方面分析了移动商务信息安全风险具备的特征和特点,分别针对五类风险提出了风险管理措施,并从政府层面的立法、监管和安全人才队伍建设等角度提出风险管理策略和建议,从移动商务运营商层面的信息保护、信息利用等角度提出风险应对策略,从而降低移动商务信息安全风险。

第八章

研究结论与展望

第一节 研究结论

本书在梳理、总结国内外学者研究成果的基础上,运用文献研究法、实证分析法、定性和定量相结合分析方法以及案例分析法等多种研究方法对移动商务用户信息决策行为及移动商务信息安全风险评估方法进行了深入研究和分析,得到的主要研究结论如下。

(1)对移动商务用户信息决策行为机理问题及风险影响因素问题,本书从新的视角揭露移动商务用户信息披露行为内在机理以及移动商务环境下信息安全风险。结合隐私计算理论、风险管理理论、信息安全风险评估标准来构建移动商务用户信息披露行为的内在机理模型和理论假设条件,通过量表开发、问卷调查收集样本数据,检验数据的信度和效度,利用结构方程模型对本书提出的理论假设进行实证和检验,并从风险感知的角度出发围绕风险因素进行实证分析。本书通过纸质和"问卷星"两种形式发放调查问卷,共收回有效问卷512份。数据分析结果显示:移动商务平台技术风险、平台环境风险、平台运营管理风险、移动终端风险、用户自身脆弱风险正向影响移动商务用户感知披露信息风险;移动商务用户感知披露信息风险负向影响移动商务用户披露信息的意愿,移动商务用户感知披露信息收益正向影响移动商务用户披露信息的意愿;移动商务用户披露信息的意愿正向影响移动商务用户披露信息的披露。

（2）针对移动商务信息安全风险评价指标体系问题，本书构建了一套移动商务信息安全风险评价指标体系，提出移动商务信息安全风险属性模型，对模型进行了信度和效度检验。根据风险管理理论，按照"风险识别—风险评估—风险控制"的研究思路，首先对移动商务信息安全风险进行识别，结合移动商务风险环境提出了移动商务信息安全风险评价指标选取的四方面原则，依据评价原则、风险管理理论中风险识别范围、信息安全风险评估标准中的威胁性和脆弱性分析表以及文献综述中移动网络用户信息安全风险因素，从技术风险、移动商务平台环境风险、移动商务平台运营管理风险、移动终端风险、用户自身脆弱风险等5个维度提出32个移动商务信息安全风险评价指标。

（3）针对移动商务信息安全风险评估问题，本书提出了准确、有效的定性与定量相结合的安全风险度量和评估方法。结合文献综述中国内外学者关于移动网络用户信息安全风险评估方法的研究现状，本书提出了两种定性与定量相结合的安全风险度量和评估方法：基于模糊综合评价法和BP神经网络的移动商务信息安全风险评估方法、基于信息熵和马尔可夫的移动商务信息安全风险评估方法，分别从技术风险、移动商务平台环境风险、移动商务平台运营管理风险、移动终端风险、用户自身脆弱风险等5个维度进行评价，重点阐述了上述两种风险评估方法的理论依据、设计思路和计算步骤，并提出了具有代表性的研究案例，针对提出的评估方法进行了实证分析，通过实例检验得出合理、准确的风险度量和评估结果。

（4）针对移动商务环境下信息安全风险环境改善问题，本书提出了风险管理策略，围绕风险指标提出了风险应对措施。从移动商务信息安全风险类别、高风险指标、风险等级及风险控制等方面分析了移动商务信息安全风险具备的特征和特点，在此基础上分别针对五类风险提出了风险管理措施,并从政府层面的立法、监管和安全人才队伍建设等角度提出风险管理策略和建议,从移动商务运营商层面的信息保护、信息利用等角度提出风险应对策略,从而降低移动商务信息安全风险。

第二节 研究局限性和展望

本书对移动商务信息安全风险及风险评估方法进行了比较深入的研究和分析,但还是存在一定的局限性,未来还可以进行多方面的拓展研究。

一、研究局限性

本书对移动商务信息安全风险及风险评估方法的研究还存在不足之处,主要包括以下几方面。

(1)样本数据存在偏重性问题。在实证研究中,由于学术团队资源有限,收集到的样本数据受到地理位置、人力资源等多方面因素影响。对收集到的样本分析后发现,回收的西南地区问卷数量占比高,调查者职业多为高校师生,年龄集中于18~30岁,对研究结果存在一定程度的影响。未来研究中,需要进一步完善样本数据的收集,使样本数据更具代表性。

(2)风险评估方法适用范围存在一定的局限性。本章在案例分析中只选取了三种不同类型的移动商务平台进行实证检验,还缺少对同类型中不同平台之间的实证检验。未来研究中,可以从同类型移动商务平台中选取多家公司来检验风险评估方法的有效性。

(3)风险评价指标体系的界定范围有限。本章是从风险管理理论风险识别范围的视角来提出风险评价维度和评价指标,不一定能够完全覆盖移动商务复杂的风险影响因素。在未来研究中,可以从多角度、多层面来进一步完善风险评价指标体系。

二、研究展望

在后续研究中,针对本书研究中的不足之处进行改进,并延伸研究领域,探索研究不同情景下的用户信息保护行为与信息保护机制。

(1)针对不同情景,研究移动应用用户信息决策行为及其风险评价。用户信息决策意愿和用户信息决策过程中面临的风险在不同情景下会有所差异,如疫情期间盛行的移动办公、移动教育、移动直播,改变了传统的工作、学习、娱乐方式,用户信息所处的情景也随之发生了改变。此时需要识别影响用户信息决策意愿的风险因素,构建特殊情景下的风险评价指标体系,对信息安全风险进行评估,建立配套的信息保护机制。

(2)针对移动应用安全威胁的新挑战,研究用户信息保护行为呈现出来的新特征。随着移动互联技术的发展和智能终端的普及,无处不在的移动应用已经成为移动网络用户生活的一部分,但目前移动应用的信息安全市场缺口较大,主要体现在移动应用信息安全需求较大,而移动应用信息安全研究人员及针对移动应用信息安全的公司极少。移动应用信息安全问题决定着移动应用产业的未来发展,移动应用使用者个人信息的安全问题还将长期存在,并会随着新的安全挑战而呈现出新的特征,研究风险环境变化情景下移动应用使用者信息保护行为的动态演变具有重要的理论和实践意义。

附　录

移动商务用户信息决策行为影响因素调查问卷

尊敬的先生/女士：

您好！感谢您参加"信息决策行为影响因素"问卷调查。本次问卷采取匿名形式，收集的调查数据仅作为学术研究。我们保证遵守职业道德、学术道德，为您严格保密填写的数据。您的大力支持将是本研究成功的关键，再次感谢您的合作与支持！祝身体健康、学习愉快、工作顺利！

回答整个问卷大约占用您 6 分钟的时间。

移动商务是指利用手机、笔记本电脑、平板电脑等移动智能终端通过移动通信网络在移动应用平台（淘宝、京东、饿了么、美团、滴滴、高德地图、中国银行、支付宝等）开展的移动购物、实时交易、金融业务、信息服务、娱乐社交等商务活动。

用户信息是个人不愿向所有人公开或不愿被所有人知悉的个人基本信息及其在时间、空间中的运动过程的位置相关信息，个人对这些信息享有不被他人任意获取、使用、收集、利用的控制权利。

用户信息决策行为是指移动商务用户为满足功能使用和提高消费体验需求（折扣、优惠券、移动支付、商品快速推荐等），通过移动商务平台自主自愿地授权给移动商务运营商按照约定方式、范围和程度获取其个人信息权利的自我披露行为。

以下代表了您对各项描述内容，从"完全不同意"到"完全同意"的程度，您的态度是：（请在相应位置打√）

一、基本情况	
1. 性别	☐男　　☐女
2. 年龄	☐<18　　☐18~30　　☐30~40 ☐40-50　　☐>50
3. 受教育程度	☐大专及以下　　☐本科　　☐硕士 ☐博士
4. 职业	☐教师及科研人员　　☐公务员 ☐企业职员　　☐学生　　☐医生 ☐自由职业者　　☐其他
5. 使用移动购物、移动支付的时间（年）	☐<1　　☐1~3　　☐3~4　　☐4~5 ☐>5
6. 每周使用移动购物、移动支付的频次	☐0　　☐1~5　　☐6~10 ☐10-15　　☐>15

二、以下对"技术风险"存在的问题，您的态度是：	完全不同意	比较不同意	同意	比较同意	完全同意
1. 平台对我的信息加密保护不当（例如我们日常生活中和外卖员进行通话时，电话号码没有进行虚拟），导致信息泄露风险	☐1	☐2	☐3	☐4	☐5
2. 我听说某平台被黑客入侵过，我继续使用此平台会导致我的个人信息被泄露	☐1	☐2	☐3	☐4	☐5
3. 用户通过移动设备或不同移动终端设备进行访问平台，平台的密码、验证码、指纹、人脸识别等认证举措不多，导致我会因身份被冒充而泄露信息	☐1	☐2	☐3	☐4	☐5

续表

		完全不同意	比较不同意	同意	比较同意	完全同意
	4. 平台没有对用户的权限进行分级，不同级别的用户都能获得相同的平台信息，导致我的个人信息存在泄露的风险	□1	□2	□3	□4	□5
	5. 平台没有对用户数据进行匿名化处理（例如在一些平台发布评论或其他信息时没有匿名发布选项），我的个人信息存在泄露风险	□1	□2	□3	□4	□5
	6. 平台没有对用户信息进行隐藏处理（例如访问记录、播放记录等信息没有隐藏），存在信息泄露的风险	□1	□2	□3	□4	□5
	7. 平台共享协议存在缺陷，导致未经我的允许，把我的个人数据非法共享给第三方平台，致使我的信息泄露	□1	□2	□3	□4	□5
	8. 现有的信息传输方法存在缺陷，会导致我的个人信息受到被泄露的威胁	□1	□2	□3	□4	□5
	9. 平台没有对非法用户传播的数据进行隔离，在合法用户使用时没有警示信息，导致我的信息存在泄露风险	□1	□2	□3	□4	□5
	10. 平台没有对用户提示当前操作风险，导致我的个人信息存在泄露风险	□1	□2	□3	□4	□5
三、以下对"平台环境风险"存在的问题，您的态度是：		完全不同意	比较不同意	同意	比较同意	完全同意
	1. 平台之间进行数据共享时，第三方平台滥用我的个人信息（广告推送、推销短信等），导致个人信息泄露	□1	□2	□3	□4	□5

续表

2. 移动通信过程中存在信息传输方式的缺陷，造成我披露的个人信息被在线窃听、篡改和伪造	□1	□2	□3	□4	□5
3. 平台强制实名（姓名、手机号、身份证等），进而平台轻易收集到我的敏感数据，存在个人信息被滥用的风险	□1	□2	□3	□4	□5
4. 在信息保护法律制度相对薄弱的国家和地区，我提供给平台的信息数据存在被泄露的风险	□1	□2	□3	□4	□5
5. 平台强制或诱导我点击移动广告，窃取我的个人信息，导致信息泄露	□1	□2	□3	□4	□5
6. 平台基于位置的服务过度收集、滥用我的位置信息，给我的个人信息带来泄露的风险	□1	□2	□3	□4	□5
四、以下对"平台运营管理风险"存在的问题，您的态度是：	完全不同意	比较不同意	同意	比较同意	完全同意
1. 平台未对投放的移动广告进行审核甄别，导致恶意广告对我的个人信息构成威胁	□1	□2	□3	□4	□5
2. 平台未对用户的个人位置信息进行合理的权限管理，致使第三方轻易获取用户信息进行商业活动（基于地理位置的广告推送等），给我的个人信息带来风险	□1	□2	□3	□4	□5
3. 平台信息管理机制不完善，导致我的个人信息被泄露	□1	□2	□3	□4	□5
4. 平台内部监管措施不到位，对泄露用户信息行为的惩罚追	□1	□2	□3	□4	□5

续表

	完全不同意	比较不同意	同意	比较同意	完全同意
责力度不够，导致平台泄露我的信息					
5. 平台对内部人员管理不善，致使内部人员会因非法利益诱惑或操作不当而泄露、滥用我的个人信息，给我的个人信息带来风险	□1	□2	□3	□4	□5
6. 平台因利益交换默许第三方（如微信小程序）收集我的信息，导致我的信息被滥用甚至泄露	□1	□2	□3	□4	□5
五、以下对"用户自身脆弱风险"存在的问题，您的态度是：	完全不同意	比较不同意	同意	比较同意	完全同意
1. 我在使用移动商务平台时，信息保护意识不足、安全意识不强，存在个人信息泄露的风险	□1	□2	□3	□4	□5
2. 我没有被入侵的相关经历，缺乏风险认知，在平台上随意披露个人信息，导致我面临信息泄露风险	□1	□2	□3	□4	□5
3. 我为了方便，在不同的平台使用或授权同一账号信息（微信、QQ等）进行登录，导致关联平台的个人信息面临被泄露风险	□1	□2	□3	□4	□5
4. 我为了方便记忆而设置较为简单或有规律的密码，容易导致密码被破解，个人信息被盗用。	□1	□2	□3	□4	□5
5. 我因为安装高风险插件、登录恶意网站后，忽视了潜在的风险，导致个人信息被窃取。	□1	□2	□3	□4	□5

续表

6. 我会为了使用平台的某些个性化功能，向平台提供过多的权限（例如位置、通讯录、相机），导致个人信息泄露	□1	□2	□3	□4	□5
六、以下对"移动终端风险"存在的问题，您的态度是：	完全不同意	比较不同意	同意	比较同意	完全同意
1. 平台移动App存在安全漏洞，并且没有相关安全设置，对我的个人信息造成泄露风险。	□1	□2	□3	□4	□5
2. 我的移动终端被恶意软件污染后，会对个人信息造成泄露风险	□1	□2	□3	□4	□5
3. 平台移动App在未开启权限的情况下仍能访问数据，会对我的个人信息造成风险	□1	□2	□3	□4	□5
4. 平台移动App没有提醒风险环境和恶意事件的功能（转账时非常用设备提醒，高风险访问终端提出警示信息），对我的个人信息造成泄露风险。	□1	□2	□3	□4	□5
七、感知风险	完全不同意	比较不同意	同意	比较同意	完全同意
1. 移动商务平台收集与使用我的个人信息可能会对我的个人信息构成威胁	□1	□2	□3	□4	□5
2. 移动商务平台可能会在未经我同意的情况下向第三方出售或共享我的个人信息	□1	□2	□3	□4	□5
3. 移动商务平台可能会将我的个人信息用于约定服务范围以外的用途	□1	□2	□3	□4	□5

续表

八、感知收益	完全不同意	比较不同意	同意	比较同意	完全同意
1. 移动商务平台会根据我的购买记录、地理位置等个人信息向我推荐最优方案与服务	□1	□2	□3	□4	□5
2. 将个人信息披露给移动商务平台能够为我提供折扣商品或服务	□1	□2	□3	□4	□5
3. 将个人信息披露给移动商务平台能够为我提供个性化服务，进一步提升我的使用体验	□1	□2	□3	□4	□5
九、披露意愿	完全不同意	比较不同意	同意	比较同意	完全同意
1. 我愿意向移动商务平台披露我的个人信息	□1	□2	□3	□4	□5
2. 我愿意向移动商务平台提供信息使用权限	□1	□2	□3	□4	□5
3. 我愿意向他人推荐在使用移动商务平台时披露信息	□1	□2	□3	□4	□5
十、披露行为	完全不同意	比较不同意	同意	比较同意	完全同意
1. 我在使用移动商务平台时披露个人信息	□1	□2	□3	□4	□5
2. 我主动在使用移动商务平台时披露个人信息	□1	□2	□3	□4	□5
3. 我推荐他人在使用移动商务平台时披露个人信息	□1	□2	□3	□4	□5

参 考 文 献

[1] 徐超毅,王建国.双视角下移动商务用户满意度实证研究[J].中国流通经济,2017,31(6).

[2] 魏益华,陈旭琳,邹晓峰.数字经济时代个人信息保护的演化博弈研究[J].经济问题探索,2019(12).

[3] 王伟军,王阳,王玉珠,刘凯.移动商务用户个性化推荐采纳行为影响因素的实证研究[J].系统管理学报,2017,26(5).

[4] 邓帅,徐璐.电商个性化背景下企业间隐私保护的主从博弈分析[J].经济与管理,2019,33(2).

[5] 刘百灵,杨世龙,李延晖.隐私偏好设置与隐私反馈对移动商务用户行为意愿影响及交互作用的实证研究[J].中国管理科学,2018,26(8).

[6] 董聪,姜波,卢志刚,刘宝旭,李宁,马平川,姜政伟,刘俊荣.面向网络空间安全情报的知识图谱综述[J].信息安全学报,2020,5(5).

[7] 程慧平,闻心玥,苏超.社交媒体用户隐私披露意愿影响因素模型及实证研究[J].图书情报工作,2020,64(16).

[8] 米允龙,米春桥,刘文奇.海量数据挖掘过程相关技术研究进展[J].计算机科学与探索,2015,9(6).

[9] 朱珊珊,王建学.台湾地区特种个人资料的刑法保护及启示[J].台湾研究集刊,2020(4)1.

[10] 万方.隐私政策中的告知同意原则及其异化[J].法律科学(西北政法大学学报),2019,37(2).

[11] Keith M., Thompson S., Hale J., et al. Information disclosure

on mobile devices: Re-examining privacy calculus with actual user behavior[J]. International journal of human-computer studies, 2013, 71(12).

[12] Li K., Lin Z., Wang X. An empirical analysis of users' privacy disclosure behaviors on social network sites[J]. Information & management, 2015, 52(7).

[13] 赵付春.大数据环境下用户隐私保护和信任构建[J].探索与争鸣, 2017(12).

[14] 张玥, 孙霄凌, 陆佳莹, 朱庆华.基于隐私计算理论的移动社交用户信息披露意愿实证研究——以微信为例[J].图书与情报, 2018(3).

[15] 焦识樵.社会化电子商务用户隐私信息披露意愿影响因素研究[D].吉林大学, 2019.

[16] Culnan M., Armstrong P. Information privacy concerns, procedural fairness, and impersonal trust: An empirical investigation[J]. Organization science, 1999, 10(1).

[17] Iachello G., Smith I., Consolvo S., et al. Developing privacy guidelines for social location disclosure applications and services[C].Proceedings of the 2005 symposium on Usable privacy and security. 2005.

[18] Dinev T., Hart P. An extended privacy calculus model for e-commerce transactions[J]. Information systems research, 2006, 17(1).

[19] Krasnova H., Spiekermann S., Koroleva K., et al. Online social networks: why we disclose[J]. Journal of information technology, 2010, 25(2).

[20] Nam C., Song C., Park E., et al. Consumers' privacy concerns

and willingness to provide marketing-related personal information online[J]. ACR North American Advances, 2006, 33（1）.

[21] Tufekci Z. Can you see me now? Audience and disclosure regulation in online social network sites[J]. Bulletin of Science, Technology & Society, 2008, 28（1）.

[22] 杨姝，王刊良，王渊，李蒙翔.声誉、隐私协议及信用图章对隐私信任和行为意图的影响研究[J].管理评论,2009,21(03).

[23] 吴亮，邵培基.基于决策树选择模型的物联网隐私信息保护策略研究[J].管理学报,2011,8（12）.

[24] Stutzman F., Gross R., Acquisti A. Silent listeners：The evolution of privacy and disclosure on Facebook[J]. Journal of privacy and confidentiality, 2013, 4（2）.

[25] Zlatolas L., Welzer T., Heričko M., et al. Privacy antecedents for SNS self-disclosure：The case of Facebook[J]. Computers in Human Behavior, 2015, （45）.

[26] 梁丽婷.用户隐私信息披露意愿研究和发展综述[J].品牌,2015（12）.

[27] 郭宇，段其姗，王晰巍.移动学习用户隐私信息披露行为实证研究[J].现代情报,2018,38（4）.

[28] 熊渐.移动商务用户隐私信息披露行为及其保护问题的研究——基于演化博弈论的视角[J].智富时代,2018（2）.

[29] 王侃.基于证据理论的移动商务交易风险评估与控制决策研究[D].华中科技大学,2009.

[30] 李睿.移动互联网环境下隐私泄露容忍度的测量与实证研究[D].大连理工大学,2014.

[31] 赵卓鹤.移动互联网社交应用软件使用意愿影响因素实证

研究[D].山东大学，2014.

[32] 李延晖，梁丽婷，刘百灵.移动社交用户的隐私信念与信息披露意愿的实证研究[J].情报理论与实践，2016，39（6）.

[33] Farid S., Amna I. Community clouds within M-commerce: a privacy by design perspective[J]. Journal of Cloud Computing, 2017, 6（1）.

[34] Yosef A., Qusay H. Cyber physical systems security: Analysis, challenges and solutions[J]. Computers & Security, 2017(68).

[35] 田波，郑羽莎，刘鹏远，李春好.移动APP用户隐私信息泄露风险评价指标及实证研究[J].图书情报工作，2018，62（19）.

[36] Erfan A., Saurabh G., James M. A Privacy-Enhanced Friending Approach for Users on Multiple Online Social Networks[J]. Computers, 2018, 7（3）.

[37] 许家乐，乔喆，王晓晴，李斐.移动互联网用户隐私信息检测保护技术研究及应用[J].电信工程技术与标准化，2019，32（12）.

[38] 朱义杰.基于位置服务中的隐私泄露风险分析与评估[D].贵州大学，2016.

[39] Zhu H., Carol X., W. H., et al. Privacy calculus and its utility for personalization services in e-commerce: An analysis of consumer decision-making[J]. Information & Management, 2016, 54（4）.

[40] Mark F., Alexander B. Do privacy concerns matter for Millennials? Results from an empirical analysis of Location-Based Services adoption in Germany[J]. Computers in Human Behavior, 2015（53）.

[41] 朱光，丰米宁，陈叶，杨嘉韵.大数据环境下社交网络隐私风

险的模糊评估研究[J].情报科学，2016，34（9）.

[42] Froelicher D., Egger P., Sousa J S., et al. Unlynx: a decentralized system for privacy-conscious data sharing[J]. Proceedings on Privacy Enhancing Technologies, 2017（4）.

[43] Anabel G., Simon R., Yogesh K. Dwivedi, Tatiana C. Using privacy calculus theory to explore entrepreneurial directions in mobile location-based advertising: Identifying intrusiveness as the critical risk factor[J]. Computers in Human Behavior, 2019（95）.

[44] Verena W., Eva R., Edith G. The privacy trade-off for mobile app downloads: The roles of app value, intrusiveness, and privacy concerns[J]. Decision Support Systems, 2018（106）.

[45] 王持恒，陈晶，苏涵，何琨，杜瑞颖.基于宿主权限的移动广告漏洞攻击技术[J].软件学报，2018，29（5）.

[46] 金恩希.大数据时代个人隐私行政法保障的现状和对策[J].智富时代，2019，000（006）.

[47] Makhdoom I., Zhou I., Abolhasan M., et al. PrivySharing: A blockchain-based framework for privacy-preserving and secure data sharing in smart cities[J]. Computers & Security, 2020（88）.

[48] 石婧，潘雅.隐私声明评估指标体系与网络应用文本分析[J].现代传播（中国传媒大学学报），2020，42（3）.

[49] Ghosh K., Swaminatha M. Software security and privacy risks in mobile e-commerce[J]. Communications of the ACM, 2001, 44（2）.

[50] 刘多，落红卫.移动智能终端个人信息安全风险与保护措施[J].保密科学技术，2013（4）.

[51] 张秋瑾.云计算隐私安全风险评估[D].云南大学，2015.

[52] 曹梓远.监控视频的异常行为检测方法研究与软件实现[D].电子科技大学，2015.

[53] 邝青青.基于个人隐私泄露的风险评估[D].贵州大学，2016.

[54] 陈浩.移动广告的安全和隐私问题[J].中国教育网络，2016（11）.

[55] 相薆薆,王晰巍,贾若男,王雷.移动商务中消费者个人隐私信息披露风险评价体系[J].图书情报工作，2018,62（18）.

[56] 王舒谕.《网络安全法》对个人信息保护的保障研究[D].黑龙江大学，2018.

[57] Degirmenci K. Mobile users' information privacy concerns and the role of app permission requests[J]. International Journal of Information Management，2020（50）.

[58] 封思贤,袁圣兰.用户视角下的移动支付操作风险研究——基于行为经济学和 LDA 的分析[J].国际金融研究，2018（3）.

[59] Ampong G., Mensah A., A. S. Y., et al., Examining Self-Disclosure on Social Networking Sites： A Flow Theory and Privacy Perspective[J]. Behavioral sciences， 2018.8（6）.

[60] 张继东,蔡雪.基于用户行为感知的移动社交网络信息服务持续使用意愿研究[J].现代情报，2019,39（1）.

[61] 叶阿勇,金俊林,孟玲玉,赵子文.面向移动终端隐私保护的访问控制研究[J].信息网络安全，2019（8）.

[62] Tu Z., Turel O., Yuan Y., et al. Learning to cope with information security risks regarding mobile device loss or theft：An empirical examination[J]. Information & Management，2015，52（4）.

[63] 兰晓霞.移动社交网络信息披露意愿的实证研究——基于隐

私计算与信任的视角[J].现代情报,2017,37(4).

[64] 胡彬.EMM 环境下移动终端风险与检测研究[J].网络安全技术与应用,2017(1).

[65] Rahman M., Sloan T. User adoption of mobile commerce in Bangladesh: Integrating perceived risk, perceived cost and personal awareness with TAM[J]. The International Technology Management Review, 2017, 6(3).

[66] 陈智勇.移动设备风险分析及安全策略与最佳实践[J].科学与信息化,2017,000(003).

[67] Thibaud M., Chi H., Zhou W., et al. Internet of Things(IoT) in high-risk Environment, Health and Safety (EHS) industries: A comprehensive review[J]. Decision Support Systems, 2018(108).

[68] Nan Y., Yang Z., Yang M., et al. Identifying User-Input Privacy in Mobile Applications at a Large Scale[J]. IEEE Trans. Information Forensics and Security, 2017, 12(3).

[69] Li H., Wang B., Zhang W., et al. X-Decaf: Detection of Cache File Leaks in Android Social Apps[J]. JOURNAL OF ELECTRONICS & INFORMATION TECHNOLOGY, 2017, 39(1).

[70] Tan Y., Xue Y., Liang C., Jun Z., et al. A root privilege management scheme with revocable authorization for Android devices[J]. Journal of Network and Computer Applications, 2018, 107(1).

[71] Ruiz-Heras A., García-Teodoro P., Sánchez-Casado L. ADroid: anomaly-based detection of malicious events in Android platforms[J]. International Journal of Information Security,

2017, 16（4）.

[72] Christin D., Reinhardt A., Kanhere S., et al. A survey on privacy in mobile participatory sensing applications[J]. Journal of systems and software, 2011, 84（11）.

[73] Mylonas A., Theoharidou M., Gritzalis D. Assessing privacy risks in android: A user-centric approach[C]. International Workshop on Risk Assessment and Risk-driven Testing. Springer, Cham, 2013.

[74] 蔡建强, 张淼. 基于层次分析法的移动互联网安全风险评估研究[A]. 中国通信学会学术工作委员会.2013年中国信息通信研究新进展论文集[C].中国通信学会, 2014.

[75] Oetzel, Marie C., Spiekermann, Sarah. A systematic methodology for privacy impact assessments: a design science approach[J]. European Journal of Information Systems, 2014, 23（2）.

[76] 潘磊, 李廷元.适用于移动自组织网络的信息安全动态评估模型[J].计算机应用, 2015, 35（12）.

[77] 陈宇, 王亚弟, 王晋东, 王娜.模糊认知图在信息安全风险评估中的应用研究[J].计算机工程, 2016, 42（7）.

[78] Lo N., Yeh K., Fan C. Leakage Detection and Risk Assessment on Privacy for Android Applications: LRPdroid [J]. IEEE Systems Journal, 2016, 10（4）.

[79] 袁浩, 毛颖颖.公共移动网络中节点位置隐私保护方法研究[J].现代电子技术, 2017, 40（16）.

[80] 申琦.风险与成本的权衡：社交网络中的"隐私悖论"——以上海市大学生的微信移动社交应用（APP）为例[J].新闻与传播研究, 2017, 24（8）.

[81] Gao T., Li T., Yang M., et al. Research on a Trustworthiness Measurement Method of Cloud Service Construction Processes Based on Information Entropy[J]. Entropy, 2019, 21（5）.

[82] 陈发堂,赵昊明,吴晓龙,李阳阳.移动网络用户隐私与信息安全研究[J].南京邮电大学学报（自然科学版）,2020,40(2).

[83] 刘永磊,金志刚,郝琨,张伟龙.基于STRIDE和模糊综合评价法的移动支付系统风险评估[J].信息网络安全,2020,20（2）.

[84] 陈晓伟.基于改进AHP算法的移动安全支付风险评估模型[J].计算机与现代化,2020（11）.

[85] Wei Y., Wu W., Lai G., et al. pISRA: privacy considered information security risk assessment model[J]. The Journal of Supercomputing, 2020, 76（3）.

[86] Dan S. The Freedom Economy: Gaining the mCommerce edge in the Era of the Wireless Internet[J]. info, 2003, 5（3）.

[87] Nikolaos A., Georgios I., Guest E. Introduction to the Special Issue: Mobile Business: Technological Pluralism, Social Assimilation, and Growth[J]. International Journal of Electronic Commerce, 2003, 8（1）.

[88] Dianne C., Milena H., Alex I. Perceptions of Mobile Device Website Design: Culture, Gender and Age Comparisons[J]. Mobile and Ubiquitous Commerce, 2006（43）.

[89] 秦成德,王汝林.移动电子商务[M].北京:人民邮电出版社,2009.

[90] Warren S., Brandeis L. The right to privacy[J]. Harvard law review, 1890.

[91] Westin A. Privacy and freedom[J]. Washington and Lee Law

Review, 1968, 32(2).

[92] Altman I. The Environment and Social Behavior: Privacy, Personal Space, Territory, and Crowding[J]. Contemporary Sociology, 1978, 7(5).

[93] Stephen T. Conceptions of Privacy: Current Status and Next Steps[J]. John Wiley & Sons, Ltd(10.1111), 1977, 33(3).

[94] Stone E., Stone D. Privacy in Organizations: Theoretical Issues, Research Findings, and Protection Mechanisms[J]. Research in Personnel and Human Resources Management, 1990, 8(3).

[95] 周水庚,李丰,陶宇飞,肖小奎.面向数据库应用的隐私保护研究综述[J].计算机学报,2009,32(5).

[96] 齐荣.用户隐私研究综述[J].软件,2015,36(1).

[97] Banisar D., Davies S. Global trends in privacy protection: An international survey of privacy, data protection, and surveillance laws and developments[J]. J. Marshall J. Computer &Info.L., 1999(18).

[98] 邱均平,李艳红.社交网络中用户隐私安全问题探究[J].情报资料工作,2012(6).

[99] 张宁,赵来娟,何渊.大数据环境下移动社交网络用户隐私问题研究[J].情报探索,2019(1).

[100] 王树义,刘赛,马峥.基于深度迁移学习的微博图像隐私分类研究[J].数据分析与知识发现,2020,4(10).

[101] Luo X. Trust production and privacy concerns on the Internet[J]. Industrial Marketing Management, 2002, 31(2).

[102] 孟晓明.网络隐私的安全防护策略研究[J].现代图书情报技术,2005(4).

[103] 蒋骁,仲秋雁,季绍波.网络隐私的概念、研究进展及趋势

[J].情报科学,2010,28(2).

[104] 张军,熊枫.网络隐私保护技术综述[J].计算机应用研究,2005(7).

[105] Nancy J., Pernille W. Profiling the mobile customer – Privacy concerns when behavioural advertisers target mobile phones – Part I[J]. Computer Law and Security Review: The International Journal of Technology and Practice, 2010, 26(5).

[106] Wang T., Duong T., Chen C. Intention to disclose personal information via mobile applications: a privacy calculus perspective[J]. International journal of information management, 2016, 36(4).

[107] 梁晓丹,李颖灏,刘芳.在线隐私政策对消费者提供个人信息意愿的影响机制研究——信息敏感度的调节作用[J].管理评论,2018,30(11).

[108] Nor N., Bahari N., Adnan N., et al. The effects of environmental disclosure on financial performance in malaysia[J]. Procedia economics and finance, 2016(35).

[109] Shane-Simpson C., Manago A., Gaggi N., et al. Why do college students prefer Facebook, Twitter, or Instagram? Site affordances, tensions between privacy and self-expression, and implications for social capital[J]. Computers in human behavior, 2018(86).

[110] 刘翠.协同效应视角下企业财务绩效与碳信息披露水平的相关性研究——基于河南省上市公司数据的实证研究[J].价值工程,2017,36(29).

[111] Posey C., Lowry P., Roberts L., et al. Proposing the online

community self-disclosure model: the case of working professionals in France and the U.K. who use online communities[J]. European journal of information systems, 2010, 19(2).

[112] 相蓥蓥.移动电子商务消费者隐私信息披露行为及风险研究[D].吉林大学,2018.

[113] 相蓥蓥,王晰巍,王楠阿雪,杨师郁.移动支付中消费者个人隐私信息披露影响因素研究[J].情报理论与实践,2017,40(9).

[114] Xu H., Dinev T., Smith J., et al. Examining the Formation of Individual's Privacy Concerns: Toward an Integrative View[C]. International Conference on Information Systems. Berkeley: Bepress, 2008, (6).

[115] Miriam J. Effects of Site, Vendor, and Consumer Characteristics on Web Site Trust and Disclosure[J]. Communication Research, 2006, 33(3).

[116] Xu H., Teo H., Bernard C., et al. The Role of Push-Pull Technology in Privacy Calculus: The Case of Location-Based Services[J]. Journal of Management Information Systems, 2009, 26(3).

[117] 彭丽徽,李贺,张艳丰,洪闯.用户隐私安全对移动社交媒体倦怠行为的影响因素研究——基于隐私计算理论的 CAC 研究范式[J].情报科学,2018,36(9).

[118] Norman S., Ksenia S. The non-monetary benefits of mobile commerce: Extending UTAUT2 with perceived value[J]. International Journal of Information Management, 2019,(45).

[119] Mohsen J., Emmanuel A., Myung K., Kim-Kwang R. Privacy

concerns and benefits of engagement with social media-enabled apps: A privacy calculus perspective[J]. Computers in Human Behavior, 2020, (107).

[120] 吕文栋, 赵杨, 田丹, 韦远.风险管理理论的创新——从企业风险管理到弹性风险管理[J].科学决策, 2017(9).

[121] 孙立娟.风险定量分析[M].北京: 北京大学出版社, 2011.

[122] 王正德, 杨世松.信息安全管理论[M].北京: 军事科学出版社, 2009.

[123] Agrawal V. A Framework for the Information Classification in ISO 27005 Standard[C]. IEEE, 2017.

[124] 李志伟.信息系统风险评估及风险管理对策研究[D].北京交通大学, 2010.

[125] 吴世忠, 江常青, 彭勇.信息安全保障基础[M].航空工业出版社, 2009.

[126] 吴先锋, 樊吉宏.基于感知风险的移动支付使用行为实证研究[J].统计与决策, 2010(20).

[127] 段世霞, 袁姗花.微信支付消费者使用意愿影响因素实证分析——基于UTAUT和SEM理论[J].企业经济, 2017, 36(6).

[128] 刘洪波.网络金融使用意愿影响因素实证研究[J].金融理论与实践, 2016(7).

[129] 郭鹏, 曹薇.Pinterest模式下社会化电子商务网站消费者购买意愿实证分析[J].商业经济研究, 2017(1).

[130] Wang S., Wu J. Proactive privacy practices in transition: Toward ubiquitous services[J]. North-Holland, 2014, 51(1).

[131] 陈昊, 李文立, 柯育龙.社交媒体持续使用研究: 以情感响应为中介[J].管理评论, 2016, 28(9).

[132] 许正良.管理研究方法[M].长春: 吉林大学出版社, 2004.

[133] 刘雅辉，张铁赢，靳小龙，程学旗.大数据时代的个人隐私保护[J].计算机研究与发展，2015，52（1）.

[134] 蹇诗婕，卢志刚，杜丹，姜波，刘宝旭.网络入侵检测技术综述[J].信息安全学报，2020，5（4）.

[135] 汪定，黄欣沂，沈超，李舟军.智能移动身份认证专题前言[J].计算机科学，2020，47（11）.

[136] 张富友，王琼霄，宋利.基于生物特征识别的统一身份认证系统研究[J].信息网络安全，2019（9）.

[137] 李艳.基于数据挖掘算法的移动电子商务群体用户访问控制模型[J].现代电子技术，2020，43（4）.

[138] 刘湘雯，王良民.数据发布匿名技术进展[J].江苏大学学报（自然科学版），2016，37（5）.

[139] 胡兆玮，杨静.轨迹隐私保护技术研究进展分析[J].计算机科学，2016，43（4）.

[140] 盛小平，田婧，向桂林.科学数据开放共享中的数据质量治理研究[J].图书情报工作，2020，64（22）.

[141] 罗宇杰，张健，唐彰国，李焕洲.低功耗有损网络安全路由协议研究综述[J].计算机应用，2018，38（12）.

[142] 贲永明，韩言妮，安伟，徐震.一种基于污点追踪的系统审计日志压缩方法[J].信息安全学报，2020，5（5）.

[143] 卓琳，赵厚宇，詹思延.异常检测方法及其应用综述[J].计算机应用研究，2020，37（S1）.

[144] 曹曼曼，汪勉.大规模无线传感器网络异构数据交换方法仿真[J].计算机仿真，2019，36（5）.

[145] 王利明.数据共享与个人信息保护[J].现代法学,2019,41(1).

[146] 代新敏，谢晓尧.一种抗去同步的轻量级RFID双向认证协议[J].山东大学学报（理学版），2019，54（5）.

[147] 邓斌,石志东,房卫东,吴伊蒙,单联海.无线传感器网络安全多径路由协议研究[J].计算机应用与软件,2016,33（11）.

[148] 徐晓日,刘旭妍.论网络实名制下的个人数据保护[J].电子政务,2019（7）.

[149] 党玺.欧洲与美国隐私保护法律冲突的解决路径[J].中国社会科学院研究生院学报,2015（1）.

[150] 王璐,孟小峰.位置大数据隐私保护研究综述[J].软件学报,2014,25（4）.

[151] 李延舜.位置何以成为隐私？——大数据时代位置信息的法律保护[J/OL].法律科学（西北政法大学学报）,2021（2）.

[152] 潘平,毛新月,周惠玲,黄亮.基于博弈论的信息安全风险管理信念研究[J].数学的实践与认识,2018,48（13）.

[153] 任玉柱,张有为,艾成炜.污点分析技术研究综述[J].计算机应用,2019,39（8）.

[154] 周彦伟,杨波,张文政.普适计算环境下的安全访问模型[J].电子学报,2017,45（4）.

[155] 胡英杰,张琳琳,赵楷,方文波,于媛尔.基于静态污点分析的 Android 隐私泄露检测方法研究[J].信息安全学报,2020,5（5）.

[156] 吴敬征,武延军,罗天悦,武志飞,杨牧天,王永吉.一种基于权限控制机制的 Android 系统隐蔽信道限制方法[J].中国科学院大学学报,2015,32（5）.

[157] 王丽娜,谈诚,余荣威,尹正光.针对数据泄漏行为的恶意软件检测[J].计算机研究与发展,2017,54（7）.

[158] 周平.云服务可用性和可靠性测评与优化方法[D].北京邮电大学,2019.

[159] 崔春生，翟婷，刘云鸽，席筱宁，张文结.基于熵权物元的大型水利工程项目风险评价研究[J].数学的实践与认识，2021，51（1）.

[160] Oostwal E.，Straat M.，Biehl M. Hidden unit specialization in layered neural networks：ReLU vs. sigmoidal activation[J]. Physica A：Statistical Mechanics and its Applications，2021（564）.

[161] 赵鸿图,李成.基于马尔科夫链的随机测量矩阵研究[J].计算机工程，2020，46（4）.

[162] 陶永明.问卷调查法应用中的注意事项[J].中国城市经济，2011（20）.

[163] 沈花玉，王兆霞，高成耀，秦娟，姚福彬，徐巍.BP神经网络隐含层单元数的确定[J].天津理工大学学报，2008（5）.

[164] 杨明，李铁冰，姜茸，高提雷，王佳.基于AHP的大数据可用性及挖掘方案模型研究[J].计算机技术与发展，2018，28（5）.

[165] 金元浦.大数据时代个人隐私数据泄露的调研与分析报告[J].清华大学学报（哲学社会科学版），2021，36（1）.

[166] 邹意华，贺冠鹏，曾天宇.移动智能终端的信息安全风险及测评方法研究[J].通讯世界，2020，27（6）.

[167] 邓胜利,王子叶.国外在线隐私素养研究综述[J].数字图书馆论坛，2018（9）.

[168] 何欣，高运霞.大数据环境下基于反馈的敏感数据识别方法研究与实现[J].电信工程技术与标准化，2020，33（12）.

[169] 范威威.Web SQLIA 漏洞的静态污点分析和动态验证研究与实现[D].江西师范大学，2020.

[170] 余筱瑶.大数据视域下作者个人信息的泄露与平衡[J].中国

编辑，2017（9）.

[171] 王宇航.位置数据的隐私保护技术研究[D].哈尔滨工业大学，2020.

[172] 姜海洋，曾剑秋，韩可，刘鋆.5G 环境下移动用户位置隐私保护方法研究[J].北京理工大学学报，2021，41（1）.

[173] 曾明星，吴吉林，徐洪智，黄云，郭鑫.深度学习演进机理及人工智能赋能[J].中国电化教育，2021（2）.

[174] 张青云，张兴，李万杰，李晓会.基于 LBS 系统的位置轨迹隐私保护技术综述[J].计算机应用研究，2020，37（12）.

[175] 王崇，吴价宝，王延青.移动电子商务下交易成本影响消费者感知价值的实证研究[J].中国管理科学，2016，24（8）.

[176] 陈昊，李文立，柯育龙.社交媒体持续使用研究：以情感响应为中介[J].管理评论，2016，28（9）.

[177] 王洪伟，周曼，何绍义.影响个人在线提供隐私信息意愿的实证研究[J].系统工程理论与实践，2012，32（10）.

[178] 李睿，张锐剑，李文立，等.移动互联网环境下的隐私泄露容忍度测度方法[J].管理评论，2016，28（7）.

[179] Xu Heng，Teo H H，Tan BC Y，et al. Research note-effects of individual self-protection，industry self-regulation，and government regulation on privacy concerns：A study of location-based services [J]. Information System Research，2012，23（4）.

[180] Xu Heng，Dinev T，SmithJ，et al. Information privacy concerns：Linking individual perceptions with institutional privacy assurances [J]. Journal of the Association for Information Systems. 2011，12（12）.

[181] Wang S C，Wu J H. Proactive privacy practices in transition：

Toward ubiquitous services[J]. Information & Management, 2014, 51（1）.

[182] Ajzen I. From intentions to actions: A theory of planned behavior[M]. Action control.Springer, Berlin. Heidelberg, 1985.

[183] Keon T L, Barnard C I .The Functions of the Executive[J]. Academy of Management Review, 1986, 11（2）.

[184] Simon H.Theories of bounded rationality[J].Decision and organi-zation, 1972, 1（1）.

[185] 赫伯特·西蒙.管理行为[M].詹正茂,译.北京：机械工业出版社, 2013.

[186] 李晖,李凤华,曹进,等.移动互联服务与隐私保护的研究进展[J].通信学报, 2014, 35（11）.

[187] 刘百灵,夏惠敏,李延晖.移动购物用户信息披露意愿影响因素的实证研究—基于公平理论和理性行为理论视角[J].情报理论与实践, 2017, 40（5）.

[188] 刘百灵,夏惠敏,李延晖.技术特征视角下隐私反馈对移动商务用户行为意愿的影响：以心理舒适感为中介[J].管理评论, 2018, 30（12）.

[189] Nunnally J C, Bernstein I H, Berge J M F. Psychometric theory[M]. New York： McGraw-Hill, 1967.